Découvrez des Jeux Gratuits en Ligne

Disponible Ici :

BestActivityBooks.com/FREEGAMES

5 ASTUCES POUR DÉMARRER !

1) COMMENT RÉSOUDRE LES MOTS MÊLÉS

Les puzzles sont dans un format classique :

- Les mots sont cachés sans espaces, tirets, ...
- Orientation : Les mots peuvent être écrits en avant, en arrière, vers le haut, vers le bas ou en diagonale (ils peuvent être inversés).
- Les mots peuvent se chevaucher ou se croiser.

2) UN APPRENTISSAGE ACTIF

Un espace est prévu à côté de chaque mots pour noter la traduction. Pour favoriser un apprentissage actif un **DICTIONNAIRE** à la fin de cette édition vous permettra de vérifier et étendre vos connaissances. Cherchez et notez les traductions, trouvez-les dans le Puzzle et ajoutez-les à votre vocabulaire !

3) MARQUEZ LES MOTS

Vous pouvez inventer votre propre système de marquage. Peut-être en utilisez-vous déjà un ? Sinon, vous pourriez, par exemple, marquer les mots qui ont été difficiles à trouver d'une croix, ceux que vous avez aimés d'une étoile, les mots nouveaux d'un triangle, les mots rares d'un diamant, etc...

4) STRUCTUREZ VOTRE APPRENTISSAGE

Cette édition vous offre un **CARNET DE NOTES** très pratique à la fin du livre. En vacances ou en voyage ou à la maison, vous pouvez facilement organiser vos nouvelles connaissances sans avoir besoin d'un second bloc-notes !

5) VOUS AVEZ FINI TOUTES LES GRILLES ?

Allez à la section bonus **CHALLENGE FINAL** pour trouver un jeu gratuit à la fin de cette édition !

Simple et Rapide ! Découvrez notre collection de livres d'activités pour votre prochain moment de détente et **d'apprentissage**, à juste un clic de distance !

Trouvez votre prochain défi sur :

BestActivityBooks.com/MonProchainLivre

À vos marques, prêts... Partez !

Saviez-vous qu'il existe environ 7 000 langues différentes dans le monde ? Les mots sont précieux.

Nous aimons les langues et avons travaillé dur pour créer les livres de la plus haute qualité pour vous. Nos ingrédients ?

Une sélection des thématiques d'apprentissage adaptée, trois belles parts de divertissement, puis nous ajoutons une cuillère de mots difficiles et une pincée de mots rares. Nous les servons avec soin et un maximum de plaisir pour vous permettre de résoudre les meilleurs jeux de mots mêlés qui soient et d'apprendre en vous amusant !

Votre avis est essentiel. Vous pouvez participer activement au succès de ce livre en nous laissant un commentaire. Nous aimerions vraiment savoir ce que vous avez préféré dans cette édition !

Voici un lien rapide qui vous mènera à la page d'évaluation de vos commandes :

BestBooksActivity.com/Avis50

Merci pour votre aide et amusez-vous bien !

De la part de toute l'équipe

1 - Adjectifs #2

拳 狩 描 述 性 的 潜 陶 放 强 针 正 宗 针 纫 魔
鱼 摄 舞 法 益 足 瓷 能 绘 拼 法 钓 缝 潜 品 钓
纯 品 织 戏 露 新 绘 摄 荒 工 猎 创 魔 趣 缝 图
自 然 足 篮 骄 的 名 著 野 品 负 缝 意 优 雅 猎
园 乐 针 篮 瓷 傲 拼 动 陶 有 责 缝 乐 艺 潜 术
艺 猎 技 术 画 潜 艺 松 拳 趣 戏 趣 针 技 动 松
绘 利 暇 影 暇 放 技 暇 足 阅 剧 营 纫 游 击
松 击 击 强 猎 乐 魔 利 术 暇 性 足 跳 乐 乐 足
潜 潜 瓷 陶 大 棒 暇 图 戏 活 拼 鱼 露 干 趣 动
瓷 画 魔 品 棒 缝 跳 图 暇 益 猎 游 艺 绘 生 咸
活 鱼 戏 瓷 舞 艺 狩 读 跳 击 球 缝 戏 暇 产 拳
戏 艺 摄 能 狩 放 球 能 动 放 技 品 戏 暇 力 图
图 乐 足 工 游 松 狩 工 技 魔 趣 猎 猎 绘 游 陶
魔 图 读 跳 游 天 才 纫 利 松 缝 利 游 足 狩
击 营 健 钓 暇 游 戏 针 艺 舞 陶 利 活 放 远 读
狩 法 康 戏 松 拼 园 织 画 园 利 棒 舞 画 足 跳

正宗	有趣
著名的	自然
创意	新的
描述性的	生产力
天才	强大
戏剧性	负责
优雅	健康
骄傲	荒野

2 - Formes

放	猎	瓷	营	狩	露	工	圈	足	能	益	露	鱼	工	画	远
利	放	法	能	足	棒	利	拳	远	魔	读	纫	活	戏	品	瓷
广	画	缝	工	活	篮	鱼	瓷	读	松	游	针	艺	露	击	击
场	椭	纫	立	纫	园	游	读	乐	阅	品	远	边	远	针	缝
绘	乐	圆	椭	方	鱼	边	瓷	露	拼	园	锥	体	暇	织	活
绘	利	艺	形	乐	体	缘	圆	筒	矩	缝	陶	营	益	游	球
足	绘	球	角	潜	图	活	益	暇	形	能	影	纫	拼	织	棱
针	画	陶	三	魔	艺	猎	暇	读	暇	纫	游	球	瓷	暇	镜
瓷	技	乐	陶	棒	弧	营	绘	双	针	潜	读	游	益	动	钓
技	乐	能	舞	术	篮	阅	露	曲	图	画	篮	动	松	品	术
露	瓷	读	缝	球	远	趣	舞	线	曲	魔	球	影	篮	活	摄
狩	鱼	读	足	游	棒	能	乐	角	影	猎	击	利	露	艺	营
品	术	戏	狩	摄	篮	影	绘	落	乐	工	棒	跳	益	足	戏
游	活	金	多	边	形	阅	织	远	远	舞	拼	魔	戏	活	益
魔	远	纫	字	魔	戏	魔	艺	足	露	园	绘	益	趣	松	阅
陶	钓	猎	阅	塔	益	戏	园	工	击	图	画	纫	放	击	跳

边缘
广场
角落
曲线
锥体
立方体
圆筒
椭圆

双曲线
椭圆形
多边形
棱镜
金字塔
矩形
三角形

3 - Force et Gravité

艺	营	工	园	瓷	放	利	松	益	篮	活	乐	魔	影	松	动
纫	拳	能	潜	陶	缝	球	球	瓷	绘	影	绘	活	益	钓
放	球	拼	暇	游	舞	画	扩	纫	舞	品	松	动	针	陶	活
球	活	织	画	法	阅	读	拳	张	鱼	戏	钓	猎	潜	舞	缝
钓	益	魔	松	棒	摄	中	篮	戏	松	影	狩	露	缝	篮	工
放	织	纫	陶	乐	影	营	央	益	棒	法	动	击	影	响	益
舞	动	纫	摄	摄	利	篮	动	足	法	拼	舞	利	潜	读	阅
击	艺	趣	拳	活	工	法	量	松	力	学	摄	球	摄	轨	道
跳	品	潜	影	鱼	能	乐	魔	营	读	纫	缝	磁	性	针	狩
潜	松	钓	缝	摄	拼	趣	术	足	织	运	放	术	陶	拳	戏
图	游	舞	拼	活	物	理	舞	松	狩	动	球	益	足	缝	织
趣	潜	品	足	舞	画	动	普	遍	的	速	狩	戏	击	活	钓
压	拳	园	纫	法	行	动	态	狩	度	松	发	图	舞	猎
力	针	摄	瓷	益	星	品	舞	利	园	狩	钓	现	棒	品	钓
狩	园	猎	趣	魔	距	离	球	篮	时	猎	园	舞	摩	针	营
球	击	重	量	技	露	露	摄	轴	间	陶	鱼	游	法	擦	画

中央
发现
距离
动态
扩张
动量
摩擦
影响
磁性
力学

运动
轨道
物理
行星
重量
压力
时间
普遍的
速度

艺	钓	拳	技	动	拳	缝	远	摄	完	利	技	乐	利	足	动
活	绘	远	无	的	术	艺	瓷	美	趣	陶	放	益	暇	益
动	美	纫	拼	法	要	工	鱼	棒	绘	园	年	轻	画	趣	针
品	丽	术	钓	球	重	跳	益	读	拳	钓	艺	影	陶	艺	法
绘	品	缝	钓	异	国	情	调	芳	利	纫	针	利	吸	潜	艺
工	纫	针	品	拳	营	瓷	松	香	狩	画	猎	织	术	引	放
棒	园	图	绘	有	跳	棒	跳	画	狩	影	图	阅	松	巨	力
陶	品	能	潜	帮	放	棒	陶	松	狩	击	画	潜	艺	大	动
技	读	画	艺	助	陶	戏	动	远	陶	瓷	球	钓	瓷	的	拳
绘	针	能	织	钓	园	现	薄	慢	活	影	相	魔	摄	乐	摄
缝	击	法	足	工	画	代	露	能	狩	同	慷	能	缝	针
影	利	诚	实	读	放	陶	读	陶	绝	法	慨	艺	舞	篮
瓷	陶	重	放	动	钓	舞	潜	对	魔	松	露	纫	放	击
远	跳	游	画	阅	趣	术	纫	摄	魔	魔	松	暇	瓷	纫
乐	放	摄	鱼	动	纫	舞	技	艺	乐	鱼	法	拳	陶	棒	拼	拳
足	放	有	雄	心	放	足	魔	画	魔	戏	阅	钓	拳	鱼	松

绝对	诚实
有雄心	相同
芳香	重要的
艺术的	无辜的
吸引力	年轻
美丽	现代
异国情调	完美
巨大的	有帮助
慷慨	

5 - Instruments de Musique

读	狩	绘	阅	法	拼	阅	趣	织	舞	鼓	园	绘	拼	班	击
球	营	针	摄	工	绘	术	击	小	拼	露	击	纫	法	卓	活
戏	喇	叭	击	钓	能	游	足	提	阅	园	露	击	纫	琴	摄
利	工	画	阅	阅	趣	能	利	琴	陶	巴	松	管	拳	提	长
远	活	营	趣	松	放	图	暇	口	竖	放	读	簧	工	大	号
阅	足	暇	潜	织	戏	远	鱼	影	动	织	松	双	法	吉	工
读	猎	击	足	园	拳	瓷	球	锣	打	击	乐	器	钢	他	足
趣	舞	缝	影	摄	击	影	绘	钓	陶	织	图	松	陶	琴	读
钓	狩	法	品	暇	篮	术	钓	法	魔	动	狩	读	艺	铃	鼓
益	松	活	缝	活	能	松	拼	拼	放	戏	潜	织	钓	拼	营
曼	陀	林	益	拳	园	鱼	瓷	拳	益	马	拳	益	利	松	击
鱼	瓷	绘	摄	棒	利	纫	园	针	球	林	放	钓	拳	长	画
图	缝	棒	暇	织	乐	绘	织	营	营	巴	营	暇	动	笛	织
萨	克	斯	管	足	营	狩	影	营	缝	益	画	跳	单	图	瓷
露	益	狩	影	法	舞	营	戏	绘	鱼	趣	露	拳	拳	簧	工
利	缝	动	织	法	利	猎	远	击	猎	绘	艺	品	品	工	管

班卓琴	马林巴
巴松管	打击乐器
单簧管	钢琴
长笛	萨克斯管
吉他	铃鼓
口琴	长号
竖琴	喇叭
双簧管	小提琴
曼陀林	大提琴

6 - Herboristerie

远	足	摄	远	摄	棒	棒	品	益	摄	钓	益	法	魔	艺	影
陶	狩	棒	钓	术	摄	鱼	绘	绘	潜	趣	缝	纫	动	击	艺
松	棒	工	鱼	绘	画	球	松	远	影	拼	绘	质	量	松	露
游	动	能	足	足	鱼	大	蒜	百	击	鱼	摄	放	瓷	动	缝
芳	摄	鱼	瓷	足	利	花	乐	里	陶	拼	乐	狩	棒	露	法
织	香	工	罗	勒	茴	园	香	游	球	图	松	魔	薄	荷	
阅	迭	影	拳	针	拼	香	阅	法	戏	猎	艺	魔	松	远	
魔	迷	绿	色	舞	鱼	游	香	篮	图	趣	藏	红	花	趣	
拳	园	技	缝	技	远	远	技	菜	利	游	戏	术	趣	品	球
读	球	球	工	足	潜	放	绘	放	工	乐	图	动	趣	松	陶
工	营	拳	潜	艺	能	篮	足	跳	击	成	分	画	读	鱼	暇
有	织	能	露	足	法	活	松	鱼	园	拼	舞	放	营	趣	舞
益	趣	园	品	薰	味	趣	品	品	缝	阅	品	放	棒	潜	绘
的	马	郁	兰	衣	道	拳	狩	益	活	园	游	拼	松	趣	拼
工	放	龙	蒿	草	远	棒	松	游	缝	猎	松	戏	艺	绘	拼
烹	饪	猎	陶	陶	园	拼	艺	术	摄	乐	动	钓	戏	篮	鱼

大蒜	马郁兰
芳香	薄荷
罗勒	香菜
有益的	质量
烹饪	迷迭香
龙蒿	藏红花
茴香	味道
成分	百里香
花园	绿色
薰衣草	

7 - Photographie

透舞暇针拼益照远狩击织影展拳瓷摄
纫视跳鱼主钓相瓷工绘放远览营瓷潜
肖像质地拳题机视趣戏击游松露软化
狩阅影露摄框球觉利摄棒猎法营活
纫摄松益绘架戏的游影织利远拼暇
定义图陶潜舞技棒组放棒跳艺趣园
阅绘趣狩格缝法动击成工露对象魔法
阅织缝放式钓读乐鱼鱼球棒纫猎远阅
跳游篮利乐松钓摄阅拳陶瓷棒园图足
趣画织暇狩黑陶潜趣针法利营缝拼黑
能潜织纫技色颜阅跳乐棒松暇术营暗
缝工影读篮绘画鱼钓篮灯技足瓷游戏
拳陶狩艺纫露瓷瓷趣营光暇击品活图
阴影阅活暇活舞魔技缝织法钓利影营
乐织读针棒拼缝猎远露动图动击趣针乐
画猎钓法钓纫能陶营缝瓷戏棒乐摄乐

8 - Véhicules

游	缝	潜	动	松	瓷	瓷	戏	营	益	影	钓	棒	游	益	绘
瓷	游	读	足	放	拳	暇	法	狩	鱼	舞	球	画	猎	球	摄
画	游	园	拳	活	营	拖	品	拼	幼	猎	绘	露	工	筏	法
瓷	救	营	益	潜	动	拉	足	渡	松	缝	潜	远	戏	织	趣
法	棒	护	跳	箭	读	机	拼	轮	法	活	拼	影	击	织	绘
动	陶	营	车	火	绘	升	轮	狩	猎	益	猎	技	艺	艺	织
画	狩	绘	租	马	达	直	纫	胎	松	游	击	拼	绘	益	趣
松	影	趣	出	飞	机	术	法	工	术	暇	陶	击	针	潜	游
阅	鱼	影	篮	能	陶	卡	纫	猎	放	阅	艺	园	潜	舞	棒
足	活	纫	潜	影	针	车	篷	大	园	潜	艇	篮	读	法	球
游	击	拼	营	魔	工	行	狩	戏	瓷	法	趣	动	纫	织	影
游	动	球	暇	绘	绘	自	滑	篮	潜	工	陶	艺	针	猎	纫
猎	园	棒	利	拳	技	能	读	板	拼	跳	动	篮	阅	陶	足
阅	击	活	法	潜	总	跳	游	动	车	钓	船	击	足	远	击
法	击	狩	拼	潜	线	织	阅	舞	汽	放	乐	能	趣	松	法
足	阅	织	影	能	技	乐	益	工	工	篮	利	地	铁	乐	工

救护车	马达
飞机	轮胎
总线	滑板车
卡车	潜艇
大篷车	出租车
渡轮	拖拉机
火箭	火车
直升机	自行车
地铁	汽车

9 - Camping

纫露足独击营针狩利摄品足绘篮魔篮
篮园放木暇趣瓷纫猎陶球图益拼工陶
品篮暇舟吊跳工品益湖工动鱼地昆术
能冒险工床纫棒击术松动猎篮图虫放
帽子营技拼帐艺狩火阅工拼灯绘猎园
远益钓术足篷森缝足暇纫戏绳笼魔乐
缝击活跳拳纫林趣设罗乐放品子益术
拼法潜缝读潜狩大备盘阅织法纫猎拼
瓷法潜图棒瓷针自绘跳术品狩魔跳术
棒放画艺潜足舞然纫绘松纫球纫艺艺
鱼品影法能戏拼拳绘松织拼纫益
舞缝魔纫阅击月亮趣猎园棒阅品艺工
戏法放露影潜放潜足摄舞纫读瓷活露
读工潜瓷绘动利舱潜益戏法舞舞拳画
暇纫阅放动物益绘益营纫图钓针篮摄
球钓绘狩游艺画跳动摄游工放影山园

动物	设备
冒险	森林
罗盘	吊床
独木舟	昆虫
地图	灯笼
帽子	月亮
狩猎	大自然
绳子	帐篷

10 - Géométrie

狩	园	能	瓷	魔	狩	游	工	方	工	球	尺	寸	放	法	画
计	猎	陶	陶	拼	篮	影	画	潜	程	能	趣	棒	拳	击	阅
算	织	乐	中	园	暇	球	织	艺	露	园	影	园	潜	击	纫
瓷	逻	术	魔	位	潜	法	拳	影	利	利	影	垂	品	暇	图
足	辑	三	角	形	数	法	趣	拳	艺	法	趣	直	缝	暇	技
益	能	角	营	益	足	平	行	缝	暇	篮	趣	松	棒	击	松
艺	棒	度	质	量	利	活	比	例	瓷	露	图	园	益	松	营
缝	魔	趣	趣	品	针	园	活	对	乐	动	直	曲	线	段	露
艺	织	法	游	乐	篮	游	鱼	称	技	球	织	径	绘	魔	跳
读	魔	理	论	绘	放	游	艺	工	利	戏	乐	技	工	技	摄
织	圈	远	松	游	拳	营	放	拳	暇	能	益	园	益	营	跳
高	度	术	远	击	艺	影	益	篮	松	鱼	足	棒	篮	读	跳
棒	益	魔	陶	营	松	魔	工	舞	影	针	园	缝	动	图	远
击	读	营	表	技	利	园	能	潜	钓	松	法	绘	魔	球	露
概	率	工	面	活	松	影	利	篮	舞	足	戏	营	读	工	狩
阅	戏	趣	球	陶	篮	猎	品	术	球	松	摄	摄	法	术	戏

角度	中位数
计算	平行
曲线	垂直
直径	概率
尺寸	比例
方程	表面
高度	对称
逻辑	理论
质量	三角形

11 - Les Médias

知 图 钓 利 能 拳 放 影 鱼 营 放 鱼 纫 园 读 营
瓷 识 暇 乐 营 露 缝 游 钓 图 摄 活 工 工 业 舞
暇 游 分 魔 个 人 法 针 针 艺 缝 术 动 棒 绘 针
数 活 潜 子 松 动 棒 狩 舞 松 潜 针 纫 网 上 缝 育
字 杂 拼 针 拳 品 报 艺 狩 放 照 片 暇 教 技 缝
放 纫 志 钓 读 狩 术 纸 摄 游 鱼 针 读 魔 技 图
态 鱼 魔 舞 纫 钓 缝 足 暇 纫 阅 读 潜 松 图 技 视
度 图 棒 法 纫 图 像 读 鱼 跳 法 戏 魔 暇 电 视
影 暇 放 本 活 营 戏 影 棒 沟 通 舞 针 拳 远 工
拳 工 鱼 地 活 法 潜 猎 陶 棒 针 画 画 舞 阅 陶
资 金 法 营 意 见 击 球 园 读 品 术 放 纫 趣 针
猎 棒 暇 版 狩 读 绘 利 术 摄 活 跳 活 园 工 利
读 露 跳 益 术 摄 魔 狩 工 暇 动 动 利 松 游 暇
跳 棒 法 潜 舞 利 营 狩 网 缝 技 暇 法 棒 击
影 跳 远 针 纫 画 狩 络 松 术 术 法 足 棒 图 魔
活 陶 远 事 实 魔 潜 工 收 音 机 松 工 舞 园 潜

态度   报纸
沟通   本地
网上   杂志
教育   数字
事实   意见
资金   照片
图像   收音机
个人   网络
工业   电视
知识分子

12 - Diplomatie

艺	能	拳	棒	瓷	戏	活	趣	品	拼	魔	利	读	瓷	技	棒
戏	绘	潜	艺	足	法	陶	松	瓷	术	拼	营	棒	利	伦	戏
潜	读	益	工	法	游	针	品	击	趣	拼	拳	技	猎	理	篮
舞	露	瓷	陶	鱼	正	纫	游	缝	营	乐	放	品	缝	鱼	影
篮	松	放	猎	魔	直	图	园	潜	园	影	能	猎	活	魔	解
图	画	游	狩	品	趣	乐	击	缝	艺	织	读	拳	足	暇	决
松	瓷	拼	篮	足	阅	棒	跳	针	顾	棒	鱼	决	球	营	方
公	民	纫	暇	猎	益	治	政	鱼	问	戏	猎	露	议	暇	案
缝	影	摄	潜	击	潜	影	球	府	松	读	拳	暇	法	暇	跳
针	拼	缝	缝	猎	纫	暇	篮	读	绘	艺	戏	放	露	织	拼
拳	针	戏	远	人	露	社	远	狩	放	球	摄	法	冲	突	瓷
魔	拳	摄	戏	道	活	舞	区	潜	摄	暇	影	趣	拼	园	图
术	针	纫	图	主	国	能	术	戏	营	潜	动	鱼	艺	工	瓷
戏	露	棒	纫	义	外	戏	狩	利	讨	松	击	大	使	馆	术
戏	绘	合	露	正	交	条	约	棒	论	品	足	缝	大	影	动
足	织	作	篮	篮	钓	放	趣	纫	益	击	绘	动	能	安	全

大使馆　　　　　　　外国
大使　　　　　　　　政府
公民　　　　　　　　人道主义
社区　　　　　　　　正直
冲突　　　　　　　　正义
顾问　　　　　　　　政治
合作　　　　　　　　决议
外交　　　　　　　　安全
讨论　　　　　　　　解决方案
伦理　　　　　　　　条约

13 - Électricité

戏	游	松	拼	技	球	绘	鱼	棒	阅	棒	影	活	狩	球	瓷
能	跳	设	备	狩	舞	舞	棒	暇	术	魔	球	乐	露	激	光
松	益	缝	篮	益	品	魔	猎	织	图	拳	趣	阅	跳	拼	陶
狩	远	术	鱼	营	钓	画	摄	画	图	工	利	发	松	球	艺
球	戏	魔	织	织	篮	拳	数	品	技	术	工	电	魔	趣	品
鱼	读	魔	动	舞	利	魔	灯	量	品	灯	动	机	网	狩	击
绘	术	跳	足	读	露	瓷	乐	泡	绘	法	动	足	络	舞	阅
舞	品	利	品	露	猎	画	画	利	远	能	跳	陶	跳	足	插
利	潜	术	缆	球	法	球	影	读	摄	益	松	放	棒	陶	座
乐	钓	话	电	池	狩	园	积	园	潜	鱼	陶	活	潜	击	利
击	针	术	魔	绘	拳	篮	极	游	艺	绘	艺	益	拼	缝	影
益	技	读	游	趣	视	图	的	暇	缝	瓷	织	棒	缝	跳	瓷
对	园	潜	棒	拳	电	线	磁	工	拳	艺	能	营	棒	技	技
影	象	拳	陶	营	篮	乐	铁	法	猎	纫	游	游	阅	园	读
暇	拼	放	露	趣	品	读	品	技	画	游	暇	绘	能	织	否
摄	放	能	针	技	营	法	图	动	法	游	鱼	纫	戏	露	阅

磁铁   激光
灯泡   对象
电池   积极的
电缆   插座
电工   数量
设备   网络
电线   电话
发电机   电视

14 - Astronomie

缝 缝 品 跳 画 乐 画 缝 针 宇 活 陶 舞 趣 织 绘
益 阅 趣 太 阳 的 瓷 瓷 画 航 瓷 阅 图 乐 松 趣
缝 拼 远 乐 拳 钓 瓷 露 读 员 图 工 缝 营 戏 绘
园 影 拳 远 画 趣 戏 营 暇 读 益 利 工 拳 地 球 拼
营 春 云 暇 绘 纫 击 缝 瓷 瓷 狩 工 潜 绘 利 技
放 分 星 新 超 天 文 学 家 画 能 露 纫 动 缝 瓷
放 园 行 系 跳 潜 暇 星 座 摄 技 球 魔 纫 品 狩
趣 舞 小 摄 潜 陶 魔 卫 益 跳 鱼 技 足 动 鱼 针
远 篮 术 猎 摄 篮 术 击 宇 宙 蚀 读 鱼 影 潜 戏
魔 游 针 影 品 狩 动 跳 法 击 术 拳 园 摄 影 能
球 击 艺 放 动 游 球 露 工 钓 鱼 暇 流 拼 织 足
辐 射 行 月 亮 猎 瓷 舞 天 空 球 球 缝 星 舞 跳
趣 舞 游 星 缝 拳 活 针 游 远 游 瓷 技 游 针 鱼
鱼 鱼 狩 利 暇 篮 工 法 天 魔 露 火 乐 织 瓷
图 图 露 图 松 魔 绘 松 文 织 击 箭 露 拼 技 篮
钓 画 趣 营 篮 术 击 拼 台 绘 猎 读 鱼 法 拼 放

小行星   星云
宇航员   天文台
天文学家   行星
天空   辐射
星座   卫星
春分   太阳的
火箭   超新星
星系   地球
月亮   宇宙
流星

15 - Physique

松 舞 频 球 摄 工 利 瓷 益 猎 远 画 狩 棒 乐 陶
舞 放 率 利 摄 跳 潜 击 缝 松 松 放 乐 影 乐 鱼
钓 瓷 法 活 狩 核 潜 纫 艺 戏 陶 潜 术 法 园 拳
法 营 钓 舞 露 放 动 拳 工 远 纫 利 艺 纫 狩 缝
分 子 密 度 暇 纫 艺 陶 针 能 棒 游 陶 猎 摄 瓷
魔 舞 电 瓷 益 织 纫 钓 速 图 利 利 画 暇 舞 品
利 拼 画 画 加 趣 足 篮 度 戏 魔 引 擎 露 猎 钓
暇 粒 图 品 速 拳 工 趣 艺 球 益 球 钓 狩 篮 足
摄 子 图 猎 度 营 鱼 趣 术 戏 针 舞 阅 魔 读 鱼
跳 舞 图 露 露 鱼 园 绘 魔 针 游 球 足 园 读 暇
益 磁 混 乱 跳 乐 园 放 钓 质 量 球 力 学 益 纫
放 足 性 舞 鱼 击 鱼 影 篮 棒 阅 舞 重 钓 品 园
图 动 露 公 品 拳 缝 足 园 画 绘 拳 松 魔 术 益
魔 拳 园 式 鱼 鱼 园 普 棒 陶 戏 绘 相 跳 拼 潜
针 影 魔 鱼 气 体 游 遍 原 子 戏 松 相 游 阅 营
击 乐 针 益 缝 趣 戏 的 学 化 跳 放 读 暇 论 猎

加速度
原子
混乱
化学的
密度
电子
公式
频率
气体
重力

磁性
质量
力学
分子
引擎
粒子
相对论
普遍的
速度

16 - Types de Cheveux

鱼	绘	光	滑	法	远	工	发	卷	篮	针	术	拼	白	色	营
狩	钓	艺	动	摄	远	舞	金	舞	曲	针	棒	技	钓	放	读
术	跳	品	技	能	潜	游	技	击	工	动	篮	棒	影	图	跳
钓	击	活	瓷	暇	厚	幼	猎	摄	画	松	放	足	园	松	阅
动	缝	纫	针	拳	放	影	动	拼	幼	绘	鱼	动	潜	趣	黑
针	摄	魔	游	拼	能	舞	趣	钓	营	缝	画	长	鱼	营	色
健	鱼	球	魔	跳	利	活	艺	营	艺	放	针	影	拳	足	戏
拳	康	绘	狩	影	篮	远	艺	技	露	瓷	术	纫	工	摄	猎
艺	品	狩	拳	益	棒	动	露	乐	潜	魔	猎	益	松	纫	露
棒	术	狩	游	益	益	击	远	放	陶	营	织	陶	法	舞	动
闪	干	暇	松	摄	游	棕	色	钓	灰	色	短	编	织	活	篮
猎	亮	篮	暇	放	影	利	篮	阅	营	钓	露	击	秃	篮	放
园	薄	的	术	阅	跳	露	跳	远	纫	画	击	陶	松	暇	球
拼	品	软	辫	绘	技	棒	拳	潜	足	动	图	狩	银	球	纫
猎	活	柔	子	钓	动	画	戏	游	品	棒	术	营	跳	技	摄
画	足	法	拼	能	篮	动	露	棒	图	钓	营	击	松	拳	能

白色　　　　　　　光滑
金发　　　　　　　棕色
卷发　　　　　　　黑色
闪亮的　　　　　　健康
柔软的　　　　　　辫子
卷曲　　　　　　　编织
灰色

17 - Archéologie

戏缝图击读魔猎活摄游术远瓷拳球瓷
缝骨评钓绘影动趣拳活陶放影足瓷露
松头棒估球活术活寺拳球能拳针墓利
拼缝潜益暇法篮能术庙乐远画动乐技
拼术潜棒动球法暇潜益瓷陶棒品棒猎
影艺乐潜品动拼鱼陶利鱼跳艺遗画远
击钓品游露术露益魔工戏活潜迹专猎
针动图击鱼阅分析利趣拼趣跳家读
缝乐趣足足利瓷工能读球能文魔绘读
瓷能术动拼术趣狩画舞神古棒明对象
术球画画魔影能画石秘代时游缝能
后裔碎片缝篮摄棒鱼摄园缝工读艺阅
戏纫缝乐法术艺鱼陶工织法跳研究员
绘戏钓戏潜猎戏篮游营陶拳益松乐营
营缝陶艺阅舞戏团松阅器教授击远游
瓷绘松拼织营图队图戏陶暇艺未知足

分析　　　　　碎片
古代　　　　　未知
研究员　　　　神秘
文明裔　　　　对象头
后家　　　　　骨器授
专代　　　　　陶迹
时队　　　　　教庙
团估　　　　　遗
评石　　　　　寺
化

18 - Mammifères

营	缝	能	篮	活	艺	益	拼	拳	乐	利	读	舞	篮	影	园
拼	技	工	足	织	游	摄	跳	暇	绘	戏	狼	郊	瓷	法	球
钓	戏	影	露	松	品	瓷	品	技	绘	拼	工	放	图	游	能
影	露	品	戏	跳	艺	放	球	织	纫	跳	趣	益	针	能	园
艺	动	袋	猎	工	工	品	艺	针	舞	魔	活	画	拼	远	魔
熊	球	鼠	篮	趣	拳	钓	拳	鱼	读	营	绘	阅	摄	击	击
长	针	读	马	狩	阅	狩	潜	读	戏	艺	读	针	球	猴	阅
羊	颈	营	斑	图	艺	品	钓	艺	戏	读	海	豚	子	兔	
缝	魔	鹿	影	足	球	园	园	画	益	摄	品	织	松	狮	松
乐	术	园	远	缝	影	松	篮	暇	远	鱼	品	动	篮	猎	织
益	拼	拼	阅	拳	术	狗	陶	活	陶	利	击	画	戏	术	读
钓	园	狐	狸	篮	魔	戏	球	纫	魔	图	拳	术	鲸	活	戏
瓷	读	游	猎	猩	跳	拳	艺	暇	缝	露	技	松	缝	园	鱼
狩	乐	舞	乐	猩	乐	摄	猫	活	术	瓷	利	陶	老	绘	乐
品	潜	放	陶	大	能	缝	棒	足	工	摄	猎	足	读	虎	公
钓	益	鱼	瓷	象	放	魔	影	绘	工	露	放	钓	猎	阅	牛

郊狼
海豚
大象
长颈鹿
大猩猩
袋鼠
兔子

狮子
狐狸
猴子
公牛
老虎
斑马

19 - Chocolat

阅	拼	棒	瓷	舞	针	陶	击	篮	游	艺	戏	成	园	法	乐
瓷	绘	动	质	量	花	园	球	拼	钓	棒	暇	园	分	艺	击
猎	工	游	营	画	园	生	工	读	足	钓	图	陶	动	魔	缝
足	魔	绘	艺	营	戏	暇	读	营	术	动	球	篮	织	松	利
缝	露	暇	阅	技	拼	跳	摄	击	跳	戏	术	能	拳	戏
猎	术	可	棒	狩	篮	艺	陶	图	棒	利	跳	舞	绘	利	暇	跳
游	画	可	纫	棒	动	绘	纫	拳	图	远	拳	跳	棒	暇	舞
能	钓	篮	放	魔	营	摄	利	暇	趣	击	糖	焦	食	谱	缝
纫	利	织	潜	露	画	活	魔	读	营	击	果	球	读	摄	篮
舞	露	潜	卡	椰	击	舞	跳	图	画	击	游	纫	工	图
品	远	钓	路	子	放	活	潜	绘	舞	远	甜	球	影	棒	香
击	暇	缝	里	味	鱼	活	抗	氧	化	剂	蜜	活	球	艺	气
猎	狩	暇	图	道	美	味	放	摄	异	工	的	最	喜	欢	的
能	暇	渴	望	阅	糖	钓	拼	术	国	技	绘	苦	读	放	能
击	影	狩	潜	阅	营	足	远	钓	情	舞	缝	读	游	缝	潜
潜	园	纫	技	绘	园	品	能	阅	调	阅	乐	拼	拳	活	艺

抗氧化剂	渴望
香气	异国情调
糖果	最喜欢的
花生	味道
可可	成分
卡路里	椰子
焦糖	质量
美味	食谱
甜蜜的	

20 - Mathématiques

纫	技	针	几	球	画	活	拳	游	魔	戏	跳	十	跳	击	球
动	陶	法	何	影	暇	角	度	球	读	游	戏	进	球	拼	松
活	活	陶	学	平	行	织	和	松	趣	跳	营	制	卷	钓	阅
足	周	长	画	品	影	魔	动	益	戏	钓	跳	工	摄	艺	利
园	拼	园	鱼	纫	绘	法	法	钓	纫	活	拳	品	露	法	法
活	棒	拼	园	放	击	益	棒	利	图	广	技	三	活	算	图
织	方	乐	利	能	拼	品	瓷	远	拳	游	场	拼	角	术	品
技	程	直	径	足	狩	摄	画	能	猎	松	图	跳	钓	形	矩
球	技	垂	拼	足	钓	益	技	瓷	读	指	数	法	技	边	放
品	摄	陶	魔	棒	利	舞	露	乐	潜	艺	球	乐	营	多	戏
能	能	针	钓	潜	戏	利	魔	活	活	技	棒	球	瓷	品	拳
乐	潜	摄	跳	活	织	足	半	径	暇	足	暇	工	影	球	图
放	读	艺	工	潜	鱼	戏	园	技	松	陶	陶	魔	营	魔
园	拳	针	露	法	篮	动	棒	戏	狩	暇	拳	术	魔	艺	缝
摄	远	鱼	瓷	放	松	瓷	球	对	拼	远	艺	瓷	益	分	球
猎	能	益	能	跳	跳	艺	术	称	平	行	四	边	形	艺	数

角度	几何学
算术	平行
广场	平行四边形
周长	垂直
十进制	多边形
直径	半径
指数	矩形
方程	对称
分数	三角形

21 - Sport

技	跳	舞	露	绘	鱼	鱼	潜	活	利	益	缝	击	针	针	跳
戏	教	猎	棒	艺	技	最	大	化	画	乐	纫	循	环	鱼	摄
缝	练	绘	动	营	戏	品	艺	能	法	营	绘	游	拼	瓷	利
鱼	活	品	画	能	阅	品	益	舞	陶	读	针	击	舞	阅	球
体	育	动	纫	拳	针	阅	击	拳	工	鱼	趣	工	篮	狩	乐
活	阅	缝	读	骨	头	身	体	摄	画	织	运	鱼	猎	棒	乐
瓷	技	击	画	读	跳	乐	肌	纫	品	魔	动	织	读	趣	阅
戏	露	动	园	舞	摄	鱼	营	肉	画	营	员	活	趣	钓	乐
艺	益	缝	利	营	纫	耐	摄	艺	潜	量	画	法	织	暇	瓷
舞	瓷	绘	潜	工	动	力	园	魔	能	力	益	代	谢	篮	品
戏	猎	露	鱼	棒	绘	营	拳	活	拼	读	读	露	趣	技	瓷
健	康	艺	营	松	放	陶	工	心	血	管	术	针	法	活
魔	舞	远	乐	活	术	鱼	缝	益	绘	陶	活	针	魔	暇
跑	步	针	织	猎	暇	足	戏	球	营	艺	益	击	艺	利	跳
目	鱼	程	品	纫	狩	法	绘	读	拼	养	动	饮	读	能	纫
标	术	利	序	画	鱼	击	针	远	鱼	影	图	食	猎	露	动

运动员	跑步
能力	最大化
心血管	代谢
身体	肌肉
循环	营养
跳舞	目标
饮食	骨头
耐力	程序
教练	健康
力量	体育

22 - Mythologie

法园园神趣狩信工能跳拳拳术跳松篮
远狩法魔奇松游仰活园品工戏利暇读战
纫远松灾难嫉影摄图戏阅拼舞游潜士
迷宫工击足妒营怪动放篮益潜造足击
文化品拼活摄舞物复仇工品创术戏松
乐工猎乐品鱼摄陶生传趣狩趣戏摄陶
工动击陶瓷绘利绘戏说绘远摄篮摄球
营纫英法园鱼足活凡人摄阅棒松品技
戏营雄影瓷术球术绘鱼露露纫画陶球
技园行画远潜潜画画瓷画露利工针鱼
跳足为猎暇鱼钓篮舞读动读雷绘纫松
不朽原型织暇图游品放猎阅园益品篮阅
暇暇绘技暇力放瓷活能阅益营技影棒
瓷能园游针量闪电松缝乐陶狩艺缝拳阅
能术篮舞画法读针拼棒法击益缝篮松
露影益画能戏织工棒织篮阅能针织足

原型　　　　　　英雄
灾难　　　　　　不朽
行为　　　　　　嫉妒
创造　　　　　　迷宫
生物　　　　　　传说
信仰　　　　　　神奇
文化　　　　　　怪物
闪电　　　　　　凡人
力量　　　　　　复仇
战士

23 - Restaurant #2

舞	戏	篮	魔	营	游	阅	松	蛋	放	动	趣	钓	品	游	魔
动	舞	瓷	园	游	放	陶	读	读	钓	读	营	晚	水	阅	暇
瓷	陶	益	绘	读	潜	益	球	水	果	摄	园	餐	放	拼	跳
园	游	影	远	露	术	摄	技	摄	松	钓	午	益	工	绘
舞	戏	远	舞	面	条	活	游	乐	拳	钓	拼	针	游	美	陶
瓷	乐	缝	绘	摄	绘	缝	织	瓷	棒	图	舞	瓷	拼	味	法
园	服	跳	能	戏	能	术	阅	戏	击	绘	拼	球	拼	远	猎
拼	务	影	摄	魔	阅	拳	潜	图	工	术	足	陶	陶	猎	趣
活	员	棒	影	冰	瓷	乐	动	技	艺	益	舞	利	盐	远	幼
活	球	趣	瓷	工	读	钓	陶	乐	摄	拳	画	远	魔	阅	益
魔	松	乐	饮	球	远	法	松	园	画	图	足	技	针	品	园
园	沙	影	品	料	拼	钓	钓	钓	拳	狩	艺	画	猎	园	趣
法	拉	园	法	香	工	阅	球	针	缝	勺	益	暇	织	工	足
绘	针	狩	利	乐	织	椅	游	趣	拳	子	艺	技	暇	舞	戏
幼	鱼	放	蛋	放	鱼	子	叉	艺	蔬	菜	织	趣	动	狩	幼
阅	读	鱼	糕	能	法	跳	图	汤	跳	瓷	棒	图	魔	潜	放

饮料　　　　　　　叉子
椅子　　　　　　　水果
勺子　　　　　　　蛋糕
午餐　　　　　　　蔬菜
美味　　　　　　　面条
晚餐　　　　　　　沙拉
香料　　　　　　　服务员

24 - Beauté

```
游 画 乐 利 纫 钓 鱼 狩 狩 益 术 缝 化 口 卷 狩
读 钓 戏 油 足 针 棒 跳 放 足 拳 工 妆 红 术 发
魔 潜 拼 篮 造 技 术 法 技 画 活 露 动 远 工 乐
瓷 织 露 能 型 艺 球 香 棒 园 猎 拳 拼 阅 足 击
游 球 皮 肤 师 乐 暇 味 法 产 品 妆 化 睫 园 钓
画 针 绘 绘 远 拳 纫 阅 跳 游 动 远 鱼 毛 营 游
园 陶 潜 击 影 拼 戏 击 品 品 跳 能 园 膏 陶 益
法 纫 纫 利 法 活 暇 园 纫 拳 营 摄 舞 图 乐 猎
陶 棒 潜 影 法 暇 画 图 剪 画 戏 光 颜 色 暇 狩
猎 艺 陶 魔 影 松 放 钓 刀 魔 能 滑 洗 绘 游 纫
缝 跳 活 绘 营 营 服 戏 法 缝 瓷 击 发 远 暇 棒
魅 动 鱼 工 技 钓 务 法 瓷 球 拼 能 水 画 潜 针
力 篮 利 术 术 钓 足 阅 放 园 优 绘 艺 暇 舞 舞
能 影 露 工 跳 瓷 术 阅 潜 猎 活 雅 园 放 阅 术
法 艺 击 陶 乐 足 瓷 球 术 影 影 阅 艺 子 阅 图
潜 足 活 园 游 戏 乐 读 猎 术 画 舞 上 镜 益 织
```

卷发	镜子
魅力	香味
剪刀	皮肤
化妆品	上镜
颜色	产品
优雅	口红
光滑	服务
化妆	洗发水
睫毛膏	造型师

25 - Avions

工	狩	绘	影	活	图	读	舞	织	击	飞	行	员	船	戏	戏
活	乐	活	膨	读	鱼	阅	导	航	阅	趣	动	影	织	阅	绘
图	法	棒	胀	缝	品	织	游	螺	跳	活	跳	湍	流	工	魔
读	术	鱼	画	露	拼	放	画	旋	放	球	远	舞	瓷	魔	织
陶	法	绘	魔	球	能	露	远	桨	品	能	益	戏	魔	动	氢
陶	潜	益	棒	舞	法	技	针	营	大	潜	拳	阅	艺	纫	松
舞	拼	拼	拼	潜	品	拼	织	图	气	空	钓	拼	乘	客	拼
绘	营	读	影	狩	鱼	绘	燃	料	层	拼	篮	球	远	棒	潜
乐	乐	针	画	绘	跳	图	鱼	绘	击	品	放	乐	魔	能	利
法	放	趣	法	能	戏	猎	远	狩	画	方	织	高	度	影	工
能	园	远	气	松	图	足	法	舞	棒	工	向	露	潜	利	活
瓷	绘	术	球	放	放	图	鱼	猎	艺	拼	足	工	足	鱼	瓷
舞	潜	读	陶	工	历	史	图	趣	天	能	潜	篮	艺	园	跳
乐	影	影	绘	针	游	冒	游	缝	空	魔	纫	阅	球	术	织
艺	趣	利	画	潜	戏	险	瓷	引	图	艺	远	棒	降	落	戏
远	针	阅	棒	技	摄	狩	露	放	擎	绘	营	缝	下	拼	陶

空气
大气层
降落
冒险
气球
燃料
天空
下降
方向
船员

膨胀
高度
螺旋桨
历史
引擎
导航
乘客
飞行员
湍流

26 - Aventure

跳瓷活钓法陶艺益魔园能异品纫园棒
品术动画勇敢远技乐猎绘常喜足营猎
趣利术阅球松篮拳园针品阅悦工露品
工摄狩棒戏摄艺活机游魔篮读影棒图
乐放品艺针放绘行会缝猎营钓能活益
活艺益戏拼魔纫跳程织松缝暇猎影舞
潜动园拼影技利战安全导航绘潜摄
益画缝准潜纫挑战摄游狩暇益拳猎
棒针戏备猎足拳旅足拳摄危险猎露球
缝猎远足影摄摄行图钓困拳活跳拼
朋阅露足纫地足技魔影足拼难大自然
友读猎工新的品乐趣陶乐跳摄松艺拳
放击拼热目动读读针术鱼影图园摄
绘摄放松情益绘瓷拼舞针益纫露工远
技影球绘瓷影技美拼营织术乐钓术艺
魔织远营绘动益阅远摄技陶放钓足舞

活动　　　　　　　　异常
朋友　　　　　　　　行程
勇敢　　　　　　　　喜悦
机会　　　　　　　　大自然
危险　　　　　　　　导航
目的地　　　　　　　新的
挑战　　　　　　　　准备
困难　　　　　　　　安全
热情　　　　　　　　旅行
远足

27 - Ville

钓 瓷 缝 图 动 物 园 法 活 放 阅 动 图 潜 艺 瓷
放 工 术 舞 阅 暇 狩 法 影 击 鱼 画 篮 图 缝 画
狩 游 纫 针 缝 暇 织 活 狩 纫 戏 廊 工 足 放 击
游 戏 益 绘 足 魔 拳 诊 拼 针 缝 拼 陶 影 工 绘
松 技 舞 品 远 松 棒 所 法 狩 乐 营 瓷 暇 利 利
足 图 活 松 趣 阅 拳 魔 艺 针 营 益 摄 足 拼 瓷
猎 书 能 术 技 动 针 篮 品 益 舞 猎 松 露 球 露
猎 馆 针 银 鱼 动 益 趣 园 击 益 摄 游 拼 放 瓷
球 物 品 行 法 能 鱼 鱼 针 钓 拼 猎 拳 利 能 足
餐 博 益 远 跳 针 鱼 猎 剧 院 拼 击 足 学 校 园
钓 厅 织 陶 花 店 酒 术 针 钓 松 缝 机 场 品 营
魔 动 能 球 纫 包 药 电 拼 摄 艺 缝 术 育 陶 活
纫 拳 绘 瓷 猎 面 纫 益 影 足 益 拳 技 体 钓 影
缝 艺 摄 缝 益 影 品 鱼 场 市 缝 超 松 能 利 暇
游 趣 摄 缝 法 书 品 品 钓 场 钓 场 舞 趣 工 远
足 技 击 足 纫 店 乐 画 舞 乐 戏 活 魔 活 足 狩

机场　　　　　　书店
银行　　　　　　市场
图书馆　　　　　博物馆
面包店　　　　　药店
电影　　　　　　餐厅
诊所　　　　　　体育场
学校　　　　　　超级市场
花店　　　　　　剧院
画廊　　　　　　大学
酒店　　　　　　动物园

28 - Ingénierie

球法图能拳纫游拳能魔球戏游拳魔艺
摄动球杠杆放园足拳棒狩篮能源织乐
动能松钓狩远拳术法推进舞趣缝足舞
拼益纫球织猎缝能瓷击液针松远画画
缝暇活远乐球测量潜读体拼球篮活乐
乐猎活瓷猎陶图法陶针针陶技跳放缝
松影活图表猎园放阅乐织读戏拼图工
活绘猎品柴稳钓阅马摄足狩钓术露阅
露画鱼缝油读定鱼达拳运动结构球园
篮乐园术齿拼放性趣拼纫动技拳针球
阅拼拳动轮舞益钓松魔游动拼营舞篮
画利放钓图影放能狩动技阅阅益能钓
松影趣绘力工缝钓松魔游拼品瓷露能
活图深益读量鱼影营阅算放戏拳技摄
分配活度狩阅法轴远趣露游营机直径
利拼纫角松跳动松影针趣纫魔器动工

角度   液体
计算   机器
图表   测量
直径   马达
柴油   运动
分配   深度
齿轮   推进
能源   稳定性
力量   结构
杠杆

29 - Énergie

工	艺	狩	营	露	画	趣	能	瓷	涡	益	拳	篮	游	足	阅
工	钓	球	利	篮	画	纫	球	光	轮	污	染	远	阅	戏	品
远	工	绘	鱼	工	放	能	纫	露	子	远	阅	读	营	熵	营
工	画	利	狩	益	营	猎	品	动	电	技	活	陶	画	乐	园
再	鱼	汽	露	足	松	猎	园	阅	画	跳	纫	跳	益	法	拼
缝	生	油	法	品	工	业	远	术	针	鱼	暇	拳	戏	舞	缝
艺	瓷	阅	钓	动	品	太	阳	钓	暇	游	足	戏	图	放
利	活	舞	绘	鱼	趣	能	暇	风	钓	戏	能	松	阅	品	营
放	瓷	营	绘	影	环	品	影	能	拳	碳	缝	活	舞	露	术
魔	核	品	跳	趣	境	柴	瓷	热	动	钓	游	猎	动	画	拳
拼	术	益	燃	电	池	油	猎	游	织	露	益	露	品	游	利
营	摄	马	达	料	纫	艺	游	松	鱼	益	纫	乐	读	工	趣
瓷	摄	工	能	织	读	动	潜	拼	魔	放	益	画	魔	绘	艺
乐	技	足	棒	缝	画	法	钓	营	活	影	缝	工	工	动	图
园	读	艺	术	球	摄	针	钓	益	利	营	氢	营	读	能
鱼	阅	戏	品	缝	狩	钓	术	绘	露	球	松	针	瓷	鱼	能

电池		马达
燃料		光子
柴油		污染
环境		再生
汽油		太阳
电子		涡轮
工业		

30 - Corps Humain

缝	跳	棒	魔	图	魔	击	营	击	棒	拳	品	舞	肘	松	棒
拼	拳	放	击	法	狩	篮	脑	工	戏	嘴	工	戏	艺	部	猎
膝	远	远	跳	棒	艺	松	织	魔	术	钓	品	工	手	营	游
猎	盖	织	击	摄	阅	园	击	活	术	活	血	钓	纫	指	心
跳	术	营	摄	狩	利	狩	摄	下	读	趣	嘴	唇	图	露	活
皮	肤	针	脸	戏	狩	纫	读	巴	画	能	织	陶	法	拼	园
绘	画	能	胃	利	园	针	跳	趣	足	画	影	针	游	能	松
放	织	法	放	松	篮	画	鱼	活	影	跳	艺	针	猎	足	踝
陶	远	猎	戏	技	技	头	法	品	利	跳	魔	猎	拼	棒	图
手	篮	绘	术	缝	瓷	潜	画	缝	球	猎	击	远	技	纫	工
园	放	颚	游	潜	脖	子	鼻	暇	游	营	击	动	篮	舞	园
工	画	鱼	法	棒	狩	园	图	趣	游	趣	游	狩	法	法	织
棒	耳	朵	能	魔	图	狩	戏	术	松	工	图	猎	利	能	画
能	术	棒	图	益	钓	拼	术	陶	拳	魔	工	织	露	陶	潜
影	拳	读	摄	陶	品	益	法	篮	技	图	织	猎	肩	舞	击
球	技	陶	利	缝	猎	图	陶	园	纫	动	松	绘	膀	品	鱼

脖子	嘴唇
肘部	下巴
手指	鼻子
肩膀	耳朵
膝盖	皮肤

31 - Biologie

织 阅 乐 篮 魔 影 利 织 针 猎 利 远 暇 松 舞 品
共 生 技 缝 游 魔 纫 趣 乐 趣 球 魔 拼 影 暇
钓 游 球 跳 能 阅 园 乐 鱼 缝 球 技 益 戏 鱼 织
篮 园 篮 爬 蛋 白 质 艺 艺 绘 艺 术 松 拼 露 活
戏 摄 瓷 行 读 能 拳 品 工 利 戏 触 篮 魔 能 跳
绘 织 摄 动 拼 狩 狩 胶 原 狩 品 突 潜 跳 读 织
染 色 体 物 远 图 工 露 利 品 趣 变 神 经 元 酶
园 远 趣 图 品 击 暇 工 工 露 乐 猎 益 戏 拳 潜
拼 游 陶 戏 图 乐 瓷 进 光 合 作 用 摄 球 活 猎
影 织 活 狩 棒 放 能 化 法 术 棒 缝 利 阅 棒 钓
鱼 渗 工 狩 纫 戏 品 狩 胚 自 图 针 松 细 园 棒
拳 透 拼 钓 营 松 品 画 术 然 激 素 趣 菌 工
拼 放 乐 摄 放 陶 陶 棒 术 猎 利 针 猎 击 钓 瓷
阅 钓 钓 缝 绘 神 经 影 画 术 棒 术 乐 技 活 钓
哺 乳 动 物 细 胞 工 活 摄 瓷 织 影 品 阅 利 戏
摄 画 棒 篮 解 剖 学 织 暇 戏 游 技 趣 织 足 乐

解剖学	自然
细菌	神经
细胞	神经元
染色体	渗透
胶原	光合作用
胚胎	蛋白质
进化	爬行动物
激素	共生
哺乳动物	突触
突变	

32 - Épices

能 苦 辣 游 纫 跳 缝 阅 瓷 缝 绘 松 工 球 跳 乐
工 松 棒 椒 胡 露 潜 纫 园 戏 动 舞 舞 陶 露 趣
技 茴 草 利 粉 棒 陶 法 读 猎 狩 乐 摄 绘 艺 动
乐 技 香 大 胡 芦 巴 魔 影 工 拼 暇 击 松 活 艺
读 艺 鱼 蒜 画 钓 影 击 阅 趣 针 洋 击 工 术 露
猎 织 鱼 松 工 戏 暇 技 松 拼 针 葱 法 影 陶 益
画 拼 露 利 放 足 酸 狩 暇 技 工 动 乐 能 魔 画
拼 阅 乐 绘 放 舞 的 钓 舞 趣 阅 拼 球 猎 摄 瓷
阅 潜 棒 戏 营 松 球 读 瓷 图 活 击 香 利 咖 喱
趣 陶 拼 乐 园 跳 潜 放 露 远 舞 菜 远 织 利
藏 肉 桂 图 陶 针 潜 球 阅 利 动 读 画 针 纫 松
潜 红 法 术 放 钓 纫 绘 绘 动 动 摄 跳 摄 狩 纫
拳 绘 花 营 读 园 暇 绘 动 钓 活 露 阅 钓 孜 露
姜 篮 营 术 猎 舞 松 狩 品 摄 击 魔 球 术 然 拼
露 术 纫 园 足 盐 摄 陶 跳 暇 阅 魔 游 甘 击 暇
乐 读 跳 瓷 园 暇 肉 豆 蔻 豆 瓷 拳 阅 草 味 道

酸的
大蒜
肉桂
豆蔻
香菜
孜然
咖喱
茴香
胡芦巴

肉豆蔻
洋葱
辣椒粉
胡椒
甘草
藏红花
味道
香草

33 - Agronomie

法趣织环活画篮读活利猎纫艺鱼利猎
品钓猎工境乡钓动能缝缝艺术益图猎
利绘品纫图猎村织营狩远暇影拼露益
活魔放针魔露能的篮绘放猎图能水拼
术图魔侵蚀动乐活能乐足画动球陶术
营乐种乐缝足缝乐瓷潜疾病品足绘
影植子乐露园阅乐利暇乐潜摄露露摄
猎物食艺跳益影拳潜术球工露棒暇蔬
术钓摄法能戏针钓活园游园游拼狩菜
针趣露有戏生研农业放放利暇篮绘画
猎绘放机阅产究篮鱼技工法游土动织
读松摄狩狩肥料能篮工远游乐壤利游
陶放工读织科学读拼击游球棒织园猎
活织艺艺陶利态品园法品猎污动趣潜
益钓瓷篮远益生能技魔阅猎染营法狩
魔针能图棒营针篮源趣系统跳工绘活

农业	有机
肥料	植物
环境	污染
生态学	生产
能源	研究
侵蚀	乡村的
种子	科学
蔬菜	土壤
疾病	系统
食物	

34 - Science

方	钓	钓	画	活	阅	陶	放	足	图	鱼	假	潜	利	摄	读
法	瓷	园	狩	能	狩	营	击	工	魔	影	设	影	法	重	潜
活	益	动	绘	跳	拼	针	画	品	园	活	技	潜	趣	放	力
摄	法	露	摄	益	针	足	画	幼	游	术	跳	猎	瓷	读	拳
利	跳	陶	放	矿	科	学	家	篮	趣	阅	缝	读	工	艺	拳
潜	足	活	理	物	狩	益	钓	法	潜	绘	活	陶	法	趣	能
舞	实	事	游	园	暇	营	生	化	学	的	织	针	足	影	趣
棒	验	实	球	技	篮	技	鱼	物	能	园	气	候	园	利	摄
织	室	游	暇	松	品	进	化	画	大	化	读	利	猎	陶	画
瓷	营	益	益	织	观	鱼	营	拼	自	石	魔	乐	放	足	暇
魔	利	影	品	园	艺	察	松	钓	然	钓	游	放	活	技	读
棒	数	棒	阅	拳	舞	画	远	绀	放	魔	猎	松	影	鱼	乐
球	据	拳	阅	球	活	鱼	松	画	陶	钓	园	远	术	幼
拼	益	趣	法	品	松	缝	拼	缝	品	阅	趣	瓷	松	法
绘	法	影	远	园	露	陶	原	幼	织	篮	工	能	分	子
击	鱼	活	篮	篮	技	击	子	工	营	陶	能	瓷	戏	品	粒

原子	实验室
化学的	方法
气候	矿物
数据	分子
实验	大自然
进化	观察
事实	生物
化石	粒子
重力	物理
假设	科学家

35 - Vêtements

活	围	裙	短	阅	瓷	术	利	术	篮	击	裤	仔	牛	舞	球
篮	缝	衣	猎	图	足	足	织	动	松	陶	子	毛	足	魔
棒	足	连	乐	钓	动	缝	利	营	暇	利	益	帽	衣	镯	画
睡	衣	工	远	远	图	围	戏	戏	狩	拼	能	魔	能	手	趣
术	足	工	衬	针	球	巾	魔	拼	活	趣	跳	钓	法	缝	套
乐	棒	品	衫	纫	技	益	猎	拳	瓷	凉	舞	活	艺	阅	外
读	暇	阅	图	拼	带	狩	暇	夹	击	足	鞋	图	拼	击	品
击	放	益	篮	篮	瓷	缝	球	克	拼	猎	舞	术	活	营	织
图	放	工	瓷	戏	跳	缝	品	园	拳	法	能	动	纫	游	舞
暇	技	拼	织	乐	法	跳	游	球	足	鞋	纫	营	陶	时	尚
暇	纫	趣	戏	动	戏	影	珠	绘	绘	图	击	跳	画	工	击
利	鱼	松	陶	猎	跳	阅	宝	露	远	影	技	品	绘	术	舞
篮	猎	阅	陶	纫	工	棒	画	活	法	拼	趣	拳	艺	阅	游
营	利	钓	术	趣	画	阅	拼	球	松	松	园	拼	跳	工	露
图	远	放	画	织	暇	园	技	法	图	松	绘	阅	法	松	棒
乐	足	松	项	链	放	远	潜	画	足	拼	露	跳	动	狩	画

珠宝	外套
手镯	时尚
帽子	裤子
衬衫	毛衣
项链	睡衣
围巾	连衣裙
手套	凉鞋
牛仔裤	围裙
短裙	夹克

36 - Arts Visuels

创	工	棒	技	法	游	潜	园	潜	趣	艺	游	暇	画	肖	像
造	陶	笔	魔	影	松	能	营	纫	钓	术	趣	戏	绘	架	趣
力	术	缝	园	阅	潜	足	动	缝	能	家	乐	足	术	影	松
园	球	木	炭	纫	松	跳	阅	远	技	篮	陶	器	暇	暇	乐
利	拼	跳	织	球	织	电	影	鱼	织	活	动	舞	粘	绘	活
拳	击	能	益	术	读	乐	潜	潜	绘	品	潜	织	针	土	摄
远	露	看	术	纫	钓	足	拳	狩	影	狩	阅	棒	乐	工	放
照	片	法	游	杰	图	鱼	放	钓	放	暇	利	露	松	术	乐
利	工	蜡	动	暇	作	针	活	拼	艺	击	品	利	远	趣	活
摄	鱼	露	艺	能	潜	术	钓	游	读	阅	钓	技	技	乐
技	露	狩	铅	笔	阅	绘	鱼	画	术	游	术	击	击	缝	瓷
戏	篮	陶	钓	粉	艺	鱼	足	棒	篮	术	松	品	能	画	松
读	缝	技	远	远	足	狩	击	篮	建	织	足	拼	跳	棒	击
动	棒	针	雕	塑	品	跳	缝	影	筑	潜	拼	摄	戏	篮	工
暇	拳	模	具	狩	利	活	瓷	绘	陶	工	趣	针	松	球	击
艺	松	纫	摄	品	活	拳	能	术	阅	拼	狩	击	瓷	缝	艺

建筑	电影
粘土	绘画
艺术家	看法
木炭	照片
杰作	模具
画架	肖像
粉笔	陶器
铅笔	雕塑
创造力	

37 - Méditation

瓷	击	技	篮	阅	击	活	缝	音	戏	游	放	猎	游	击	营
陶	棒	技	远	利	篮	工	针	乐	活	图	绘	绘	球	图	足
游	纫	纫	能	阅	同	情	篮	猎	针	乐	暇	潜	呼	吸
游	跳	摄	园	游	露	营	画	球	技	摄	远	戏	潜	观	法
技	钓	艺	利	瓷	陶	拳	活	拳	摄	利	跳	足	艺	察	暇
猎	图	篮	篮	术	游	益	狩	游	魔	能	工	益	益	舞	暇
绘	缝	品	瓷	艺	戏	钓	狩	球	园	品	趣	读	能	术	阅
利	利	大	针	棒	利	狩	习	惯	工	游	猎	术	术	棒	游
击	法	画	自	读	平	和	陶	术	猎	品	露	足	陶	织	绘
动	情	画	然	静	松	乐	利	乐	艺	阅	活	潜	园	陶
跳	绪	拼	球	读	游	远	瓷	拳	感	激	松	影	篮	乐
潜	织	法	狩	营	幸	福	足	益	接	能	远	绘	品	沉	影
钓	织	游	工	鱼	法	画	善	良	受	利	活	拼	读	默	游
园	营	拼	艺	针	陶	缝	织	能	潜	益	品	影	远	拳	乐
棒	鱼	能	瓷	读	瓷	心	动	透	拳	营	运	动	姿	击	图
鱼	明	晰	动	魔	乐	园	理	视	放	鱼	露	醒	势	潜	拼

接受
幸福
平静
明晰
同情
情绪
善良
感激
习惯
心理

运动
音乐
大自然
观察
和平
透视
姿势
呼吸
沉默

38 - Littérature

影缝狩球针摄露篮针利对话比旁技品
工缝技纫拼潜图棒狩球摄游较白诗摄
摄潜艺小跳跳篮术轶缝针游摄足营摄
艺鱼足说悲风钓放事趣织织狩魔益影
鱼暇园拳剧格图舞陶园术摄球放鱼织
击猎图魔钓织影猎乐动图技影工瓷
影乐意诗松画图狩暇分画猎游放读
绘足摄见击戏结营能析戏拳活能
拳图主球活狩论织放游潜缝影
篮跳题拳技跳能拼品击游拼露远
松足纫画技利潜游针阅绘篮缝
画击画陶影描类比松画动传松
艺品画益戏暇述艺摄作绘针记篮
品瓷拳织园技节奏隐者工益舞露
技球跳跳艺乐利纫利喻法工品技绘
韵狩品益跳绘球活击暇趣足能织法鱼

类比   小说
分析   隐喻
轶事   旁白
作者   意见
传记   诗节
比较   风格
结论   主题
描述   悲剧
对话

39 - Nourriture #1

```
针 园 牛 画 阅 舞 跳 鱼 术 陶 戏 利 球 陶 舞 能
棒 趣 奶 拳 营 猎 篮 击 益 篮 阅 潜 影 纫 活 影
趣 棒 放 瓷 拳 乐 陶 暇 足 法 舞 趣 园 潜 拼 能
露 艺 利 肉 芜 菁 戏 篮 影 钓 汤 活 图 织 术 乐
潜 罗 钓 桂 摄 益 术 暇 乐 魔 品 潜 鱼 舞 纫 艺
影 勒 柠 绘 跳 戏 趣 针 鱼 术 篮 针 利 阅 图 露
趣 读 檬 金 肉 益 暇 松 魔 工 拳 缝 缝 技 足 瓷
艺 图 营 球 枪 跳 暇 松 活 技 猎 纫 利 猎 针 狩
蒜 戏 工 动 艺 鱼 缝 洋 葱 摄 能 绘 松 钓 钓 钓
大 趣 织 摄 利 魔 技 陶 胡 陶 益 术 盐 法 放 咖
麦 球 动 拳 球 动 拼 足 萝 营 猎 能 纫 绘 咖 乐
糖 动 放 戏 游 魔 果 艺 卜 读 瓷 工 绘 瓷 啡 益
棒 草 潜 园 戏 篮 汁 菠 利 梨 摄 缝 篮 术 画 球
法 莓 法 陶 陶 园 鱼 菜 乐 松 趣 沙 棒 缝 足 纫
篮 足 猎 暇 瓷 缝 暇 能 织 艺 图 动 拉 松 织 益
舞 击 图 艺 跳 猎 读 击 露 趣 纫 术 球 远 缝 活
```

大蒜　　　　　果汁
罗勒　　　　　牛奶
咖啡　　　　　芜菁
肉桂　　　　　洋葱
胡萝卜　　　　大麦
柠檬　　　　　沙拉
菠菜　　　　　金枪鱼
草莓

40 - Jours et Mois

狩	魔	针	乐	棒	星	星	四	工	影	篮	能	益	益	远	纫
画	术	技	营	画	期	鱼	期	历	能	放	放	术	拼	活	工
星	二	月	星	阅	五	魔	星	日	棒	织	织	园	动	足	击
活	期	九	期	益	能	针	图	暇	击	画	利	动	远	棒	益
暇	法	三	六	足	织	瓷	工	织	乐	乐	松	影	放	利	瓷
露	周	狩	击	工	四	月	戏	织	影	术	猎	舞	工	画	狩
缝	品	针	乐	图	钓	游	动	足	工	潜	舞	球	术	足	猎
趣	钓	图	游	猎	篮	跳	针	棒	动	利	技	乐	工	工	足
法	放	图	针	品	工	篮	法	艺	陶	图	鱼	击	球	猎	影
鱼	织	读	潜	益	园	潜	术	潜	潜	放	趣	纫	针	利	钓
活	趣	拼	艺	跳	球	舞	法	十	园	品	工	戏	钓	拳	暇
潜	趣	纫	画	艺	利	艺	篮	一	钓	六	月	三	星	松	纫
织	跳	猎	戏	读	图	拼	织	月	七	钓	一	园	期	鱼	钓
利	足	游	舞	拼	鱼	品	图	十	乐	动	期	魔	二	放	潜
潜	术	游	纫	术	读	益	狩	狩	益	动	星	工	动	针	益
乐	松	阅	跳	读	利	猎	月	八	舞	术	舞	织	拼	营	陶

八月	星期一
四月	星期二
日历	三月
星期日	星期三
二月	十一月
一月	十月
星期四	星期六
七月	九月
六月	星期五

41 - Jardinage

趣 暇 戏 击 戏 堆 篮 技 远 阅 戏 园 工 艺 拳 植
工 营 足 纫 暇 肥 园 读 纫 松 利 益 缝 花 束 物
画 术 工 陶 动 趣 戏 园 露 瓷 织 鱼 魔 摄 趣 图
工 球 舞 钓 潜 潜 影 狩 狩 影 棒 魔 足 能 读 术
绘 魔 狩 拳 跳 水 分 异 影 游 趣 技 技 球 活 影
瓷 戏 球 拼 露 拼 能 国 气 跳 舞 纫 画 游 松 阅
利 放 缝 叶 击 跳 猎 情 候 摄 图 活 舞 阅 暇 魔
趣 绘 猎 艺 陶 摄 松 调 游 园 击 技 戏 跳 术 图
足 阅 缝 图 益 球 术 球 季 露 能 阅 乐 活 利 戏
图 击 绘 艺 舞 污 乐 纫 树 节 趣 暇 拼 土 壤 潜
针 陶 缝 拳 拼 垢 活 魔 叶 棒 性 足 园 益 活 营
影 缝 趣 远 戏 狩 击 放 容 术 动 游 术 放 露 拼
营 法 露 开 的 园 活 针 器 食 用 针 松 工 瓷 跳
阅 瓷 瓷 露 花 击 果 游 拳 暇 种 法 益 击 暇 足
瓷 阅 钓 摄 露 魔 园 营 篮 击 能 子 物 种 软 管
技 技 游 工 活 影 品 活 法 钓 瓷 拼 能 趣 纫 营

植物	花的
花束	种子
气候	水分
食用	容器
堆肥	季节性
物种	污垢
异国情调	土壤
树叶	软管
开花	果园

42 - Entreprise

绘	钓	暇	雇	放	陶	钓	纫	狩	员	公	狩	舞	乐	织	针
拳	鱼	棒	主	摄	艺	园	读	纫	工	司	艺	术	能	读
暇	针	棒	能	法	营	乐	艺	拳	营	阅	技	乐	货	币	趣
暇	击	游	暇	乐	法	税	画	瓷	松	动	活	术	预	狩	工
趣	潜	陶	乐	球	狩	放	狩	织	魔	拼	绘	利	算	技	园
活	品	品	松	魔	工	厂	拼	钓	技	戏	趣	润	鱼	园	艺
猎	图	术	技	拼	图	暇	暇	拳	潜	陶	收	球	游	球	工
魔	放	纫	营	图	游	瓷	影	术	鱼	足	阅	入	球	纫	阅
益	店	猎	影	舞	足	拼	钱	经	投	资	摄	拼	成	活	术
足	商	品	纫	露	品	营	能	鱼	济	放	金	融	本	陶	远
绘	能	跳	影	棒	游	陶	活	画	远	学	潜	画	拼	鱼	画
图	园	露	绘	织	球	营	纫	跳	足	针	营	益	缝	猎	瓷
拳	技	暇	艺	摄	舞	潜	远	陶	摄	摄	瓷	图	棒	松	艺
缝	影	办	猎	绘	跳	跳	影	利	织	动	销	售	潜	游	益
舞	拼	公	职	业	生	涯	钓	跳	舞	动	放	品	陶	交	易
击	暇	室	园	读	织	棒	远	击	工	戏	摄	园	游	纫	猎

商店	经济学
预算	金融
办公室	投资
职业生涯	商品
成本	利润
货币	收入
雇主	交易
员工	工厂
公司	销售

43 - Activités

趣 跳 工 织 击 园 利 钓 松 工 技 戏 营 影 活 瓷
读 技 拳 钓 鱼 松 球 技 动 松 能 摄 影 动 织 利
钓 针 潜 拳 艺 园 松 艺 园 术 狩 击 篮 园 舞 益
陶 法 钓 图 陶 术 活 阅 技 狩 魔 工 狩 阅 暇 放
露 摄 影 益 陶 瓷 动 活 画 缝 拳 鱼 纫 足 艺
魔 法 放 读 趣 艺 缝 魔 读 足 纫 技 戏 工 纫 营
远 趣 露 阅 远 影 鱼 戏 猎 鱼 戏 松 法 艺 能 园
趣 足 工 戏 利 足 绘 营 乐 术 潜 摄 跳 品 松 利
钓 戏 缝 足 松 足 法 足 影 乐 画 营 放 露 营 魔
针 棒 乐 影 拳 舞 游 营 潜 图 潜 利 利 阅 松 画
跳 利 趣 能 足 动 戏 露 魔 击 活 潜 益 击 跳 营
拳 舞 工 潜 法 拼 技 戏 纫 画 跳 潜 阅 读 狩 趣
潜 图 益 绘 戏 猎 乐 活 暇 缝 瓷 魔 游 影 法 绘
缝 暇 针 球 益 术 鱼 拳 活 艺 远 摄 益 拳 活 钓
术 击 狩 营 技 远 绘 织 图 画 绘 露 品 活 暇 鱼
营 戏 读 活 营 足 读 营 放 松 篮 狩 猎 松 放 读

活动
艺术
工艺品
露营
陶瓷
狩猎
技能
缝纫
跳舞
利益

园艺
游戏
阅读
魔法
钓鱼
摄影
乐趣
远足
放松

44 - Fleurs

舞绘游品技读法活放阅击织艺动牡园
瓷动钓画瓷钓技潜松纫织薰衣草丹趣
读园营拳技针束远戏图画拼游狩露纫
摄针营瓷拳利足花兰鱼狩猎游猎动猎
绘魔足狩陶纫图瓣拼松艺活技读影法
足拳舞露利钓法图阅魔三叶草鱼狩露
阅绘绘营园球工营远棒游芙蓉狩鱼工
篮图球陶瓷拼读阅雏菊益营远郁影艺
活纫乐术技针趣击动影拳法技金暇织
向日葵蒲活营篮纫戏园能缝乐香猎画
乐足图公瓷织读图放瓷鱼图动益纫织
拳织戏英艺摄茉莉花子栀技鱼钓活狩
工法园能品动活织游园戏瓷工舞技
营狩钓园动暇潜纫足西番莲猎水暇罂
玉兰暇纫读狩瓷拼百合放足舞仙玫粟
狩球拳钓图绘品潜品趣足艺篮花瑰

花束	西番莲
栀子花	罂粟
芙蓉	花瓣
茉莉花	蒲公英
水仙花	牡丹
薰衣草	玫瑰
百合	向日葵
玉兰	三叶草
雏菊	郁金香
兰花	

45 - Nourriture #2

魔篮小活艺纫营魔绘画杏鱼乐趣利游
西鸡麦营针工足钓鱼蘑仁艺游跳放陶
影兰球松绘利图击影菇魔戏园棒跳拼
魔暇花远瓷足纫趣营针跳品葡萄针戏
读远拳鱼放鱼营舞艺读活品画拼露棒
击放绘拳图读放纫品能篮针法织摄狩
拳猎鱼游绘露画趣工织放远篮缝艺
摄品织益乐魔影活摄艺营棒园乐拼图
艺乐舞米芹菜品益松远球跳猕球拼舞
番猎潜暇钓露缝能巧面包火腿猴足潜
茄艺放针缝钓图利克击拼远魔缝桃樱
趣摄阅读乐读纫茄力香能绘钓读芒果
图猎乐摄趣能技子法蕉松园图活术苹
松狩跳陶球篮法画园利读猎缝魔益营
露魔益球动蛋放猎影瓷放工技缝读织
拳摄技拳鱼法读篮影阅艺鱼猎击棒舞

杏仁	巧克力
茄子	火腿
香蕉	猕猴桃
小麦	芒果
西兰花	面包
樱桃	苹果
芹菜	葡萄
蘑菇	番茄

46 - Algèbre

鱼	足	游	瓷	利	纫	乐	松	纫	露	解	益	技	指	数	缝
利	戏	阅	阅	球	艺	阅	减	法	艺	决	陶	活	拳	狩	读
暇	读	数	分	远	趣	乐	瓷	乐	击	缝	暇	画	球	公	鱼
跳	法	量	技	无	织	拳	趣	法	问	乐	潜	魔	式	猎	
品	图	变	括	限	乐	魔	品	远	放	题	图	园	球	益	
品	益	园	舞	号	技	影	缝	艺	因	素	拼	零	击	品	
园	影	露	艺	阅	舞	术	读	技	游	织	利	潜	针	乐	品
钓	品	画	图	术	影	利	园	法	暇	针	图	活	舞	狩	摄
魔	读	针	表	舞	绘	戏	跳	动	织	益	跳	摄	棒	拳	球
舞	狩	线	击	乐	球	影	陶	陶	绘	球	园	和	法	拼	游
魔	能	性	法	针	拼	击	图	绘	鱼	陶	术	露	程	艺	矩
陶	益	益	纫	利	画	画	钓	远	露	画	解	决	方	案	阵
针	击	简	利	趣	棒	园	钓	放	魔	松	击	摄	拼	艺	舞
击	钓	拼	化	工	棒	放	术	织	潜	趣	工	陶	球	拳	陶
动	跳	纫	拳	潜	阅	画	露	趣	拳	能	工	法	狩	工	能
松	拼	跳	影	足	画	跳	艺	纫	摄	暇	利	潜	松	舞	远

图表
指数
方程
因素
公式
分数
无限
线性
矩阵

括号
问题
数量
解决
简化
解决方案
减法
变量

47 - Océan

术狩狩风珊露能瓷狩绘鱼舞击拼法画
园放织暴瑚球活潜缝拳趣钓露活虾技
能足艺乐舞园放远摄棒瓷舞利图影影
舞螃蟹法法益松乐画品动法法游球阅
工活能戏魔跳瓷画松狩缝钓牡读术狩
阅影园品远针阅魔画营钓缝蛎击鱼影
拼松织利棒松陶足工品益魔乐盐松品
乐法棒阅纫远篮钓瓷摄乌鱼利暇游钓
游利工击陶影园纫波能龟陶游足暇工
读纫纫拳足拳法远浪陶品戏放绘狩技
乐足影陶棒球动狩拼绘园读露影绘
击益陶狩松针织工远图篮园蜇豚击图
鲸远营拳潜章舞读趣鱼金枪鱼海摄钓
阅针艺游纫鱼乐海藻纫游织鲨绵影船
园园针活露跳棒松跳击阅利击远暇
狩读能术礁棒读技能鳗鱼趣远戏跳

海藻	海蜇
鳗鱼	章鱼
珊瑚	鲨鱼
螃蟹	风暴
海豚	金枪鱼
海绵	乌龟
牡蛎	波浪

48 - Antiquités

能几暇足硬跳瓷球家术动利画优放足
影十恢技币阅猎钓具画放画缝雅缝瓷
读年图复术暇绘法质放品魔篮图
戏钓跳猎法图雕塑量远远缝陶跳
放艺趣动术织艺棒露狩暇影足足工
趣猎鱼益球绘舞技图术瓷织缝篮
摄园缝狩鱼读艺动钓术画棒游跳
远绘拼拳绘拼舞松宗舞图益远游游
松画画图球园游正舞钓舞拼陶
园摄乐篮益法常击术篮动摄图
纫魔世技松露趣画廊能猎潜投趣狩
拼拍纪老读阅远跳戏棒纫资球鱼
放舞卖松读戏潜游拳陶露利游品能
露趣园放拳针珠狩品戏营利利篮画
图影装饰性的宝活鱼值球放露棒营
摄活图图陶乐远戏球价纫工钓缝

49 - Réchauffement Climatique

影	拼	松	瓷	缝	松	魔	钓	戏	利	放	跳	鱼	人	钓	篮
鱼	术	猎	摄	纫	动	狩	画	乐	猎	球	猎	营	口	益	画
能	源	缝	图	瓷	拳	篮	猎	瓷	戏	技	术	绘	陶	摄	陶
舞	阅	游	代	鱼	缝	足	陶	露	针	技	利	未	鱼	工	艺
阅	术	狩	益	缝	阅	影	露	营	戏	园	绘	来	工	摄	球
放	拳	织	松	织	利	图	乐	工	戏	陶	暇	现	在	放	鱼
游	绘	图	戏	击	画	影	针	针	放	术	暇	艺	乐	国	潜
拳	鱼	舞	暇	工	图	棒	篮	暇	乐	读	动	鱼	钓	际	工
阅	钓	能	科	缝	纫	放	乐	鱼	品	活	戏	魔	阅	棒
环	境	的	学	潜	游	营	趣	跳	露	潜	乐	画	狩	机	影
温	度	跳	家	政	工	后	拼	钓	术	钓	园	危	机	露
趣	乐	足	发	府	业	果	纫	钓	远	潜	露	暇	数	据	技
猎	猎	钓	摄	展	乐	织	拳	摄	露	陶	能	钓	钓	钓	针
艺	益	摄	篮	织	篮	营	跳	露	鱼	狩	候	气	球	鱼	益
立	法	能	露	纫	魔	缝	跳	潜	狩	影	动	松	体	摄	松
品	舞	跳	利	猎	工	狩	营	球	利	北	极	工	变	化	活

北极	气体
变化	政府
气候	工业
后果	国际
危机	立法
发展	现在
数据	人口
环境的	科学家
能源	温度
未来	

50 - Ballet

术	画	跳	趣	放	益	利	管	编	艺	舞	工	营	乐	法	戏
露	瓷	球	品	品	趣	品	钓	弦	舞	者	足	纫	露	篮	营
舞	品	猎	舞	暇	织	猎	技	活	乐	影	篮	松	猎	棒	能
猎	游	营	法	针	针	画	能	益	音	队	营	舞	陶	拼	图
法	图	法	放	艺	阅	图	舞	松	鱼	篮	摄	艺	魔	戏	益
手	势	品	艺	缝	戏	缝	松	击	戏	戏	影	织	趣	缝	瓷
跳	瓷	纫	缝	能	营	跳	影	众	观	拼	舞	放	读	艺	魔
艺	拳	戏	园	游	活	棒	露	戏	作	狩	棒	独	鱼	织
法	钓	跳	肌	肉	利	工	摄	曲	松	艺	放	奏	狩	戏
击	足	潜	法	强	工	陶	工	风	家	乐	术	节	艺	远
远	品	钓	缝	度	实	践	钓	格	工	技	益	的	棒	瓷
摄	技	阅	营	益	活	钓	活	篮	足	跳	球	动	园	趣	棒
魔	品	戏	松	富	有	表	现	力	瓷	游	陶	艺	舞	营	拳
乐	棒	针	击	远	织	跳	狩	法	戏	针	图	营	棒	影	法
纫	艺	利	艺	篮	工	远	影	拼	艺	工	潜	远	放	画	术
狩	营	摄	工	织	狩	术	益	技	篮	工	影	掌	声	营	织

掌声	肌肉
艺术的	音乐
编舞	管弦乐队
技能	实践
作曲家	观众
舞者	节奏
富有表现力	独奏
手势	风格
强度	技术

51 - Fruit

园	营	织	松	舞	狩	益	篮	艺	画	拳	艺	陶	球	松	绘
画	露	针	品	击	趣	瓷	利	瓷	动	营	拳	读	魔	棒	能
能	松	趣	品	趣	远	魔	纫	鱼	露	技	拼	工	舞	戏	活
影	游	足	营	园	拼	趣	趣	击	营	拼	跳	园	织	跳	趣
拼	陶	园	园	游	摄	棒	鱼	绘	乐	球	球	纫	益	游	桃
无	花	果	球	读	露	远	织	品	纫	法	品	工	潜	跳	摄
趣	园	浆	魔	松	能	跳	潜	动	棒	击	放	活	狩	陶	法
拼	放	读	能	法	猕	猴	桃	缝	松	织	鱼	艺	番	读	织
能	绘	艺	跳	游	覆	盆	子	猎	园	摄	钓	工	艺	石	营
柠	乐	益	苹	果	鱼	活	橙	色	放	园	远	瓷	营	戏	榴
术	檬	利	猎	艺	拼	缝	棒	能	游	鳄	乐	工	阅	菠	工
织	放	缝	织	影	露	暇	戏	绘	影	拼	梨	舞	樱	萝	瓷
绘	放	阅	篮	纫	乐	猎	画	图	放	纫	瓷	读	桃	油	法
阅	猎	术	魔	篮	球	戏	松	游	芒	果	葡	萄	香	蕉	击
技	阅	露	摄	潜	远	缝	阅	篮	瓜	绘	钓	工	艺	远	纫
魔	远	画	缝	活	潜	狩	术	魔	木	瓜	缝	球	拼	陶	杏

菠萝	番石榴
鳄梨	猕猴桃
浆果	芒果
香蕉	油桃
樱桃	橙色
柠檬	木瓜
无花果	苹果
覆盆子	葡萄

52 - Technologie

钓 远 摄 瓷 技 露 图 软 件 动 趣 画 营 读 能 趣
拳 法 乐 拳 纫 影 影 针 画 针 鱼 读 暇 暇 棒 松
读 利 画 针 球 缝 光 魔 松 术 读 能 远 魔 图 读
舞 纫 趣 园 陶 园 品 标 画 棒 法 松 放 艺 能 瓷
绘 舞 工 棒 技 拼 艺 猎 放 品 动 能 营 陶 松 戏
拳 博 术 阅 露 篮 技 品 信 纫 针 绘 技 图 篮 工
动 客 狩 篮 松 跳 趣 跳 息 乐 能 露 营 利 球 艺
露 针 瓷 暇 瓷 鱼 技 棒 益 缝 跳 阅 动 远 益 戏
能 针 针 影 艺 趣 病 篮 戏 球 工 瓷 园 活 拼 潜
魔 安 球 动 放 活 毒 益 足 摄 图 园 工 拳 工 摄
统 全 织 影 能 跳 画 舞 电 脑 影 工 拳 园 屏 活 利
法 计 纫 摄 潜 工 魔 术 松 纫 拼 文 件 缝 幕 活
摄 益 数 体 字 数 能 魔 研 术 松 戏 活 阅 纫 阅
益 魔 鱼 据 节 互 联 网 究 工 针 织 活 狩 绘 影 活
远 织 乐 数 松 摄 绘 缝 虚 游 跳 园 照 相 机 篮
图 摄 鱼 松 阅 阅 放 跳 拟 活 活 图 浏 览 器 阅

博客	数字
照相机	字节
光标	电脑
数据	字体
屏幕	研究
文件	安全
互联网	统计数据
软件	虚拟
信息	病毒
浏览器	

53 - Musique

足 术 动 绘 拼 趣 工 麦 克 风 术 钓 乐 抒 针 艺
艺 游 乐 活 能 益 魔 暇 乐 暇 摄 谐 波 情 织 营
钓 瓷 击 艺 猎 阅 舞 活 狩 球 技 动 乐 画 速 摄
能 潜 品 缝 陶 戏 棒 品 乐 画 园 影 动 陶 度 击
能 戏 画 暇 针 绘 节 奏 品 阅 技 篮 鱼 艺 松 狩
纫 潜 钓 能 球 乐 趣 远 纫 猎 松 远 篮 远 画 陶
陶 跳 球 歌 猎 露 绘 织 艺 工 动 图 游 足 能 能
工 瓷 纫 剧 古 典 技 摄 陶 放 瓷 针 远 法 织 品
录 阅 瓷 影 能 艺 放 专 音 乐 剧 能 露 鱼 猎 园
音 游 法 陶 读 棒 拳 辑 狩 声 击 拳 法 趣 钓 工
魔 击 活 远 营 针 露 法 营 戏 针 活 利 能 瓷 影
活 缝 棒 读 旋 诗 意 暇 画 露 动 民 钓 魔 拳
绘 法 乐 凑 律 露 棒 暇 远 仪 器 品 读 谣 魔 潜
缝 远 松 音 合 露 跳 鱼 和 谐 趣 读 织 瓷 狩 拳
唱 放 放 魔 乐 乐 拳 球 活 园 技 拳 陶 潜 绘 趣
猎 工 歌 手 篮 家 魔 拳 术 暇 缝 陶 利 读 狩 纫

专辑   旋律
民谣   麦克风
歌手   音乐剧
古典   音乐家
录音   歌剧
和谐   诗意
谐波   节奏
凑合   速度
仪器   声乐
抒情

54 - Météo

极	戏	游	露	游	图	织	动	图	术	绘	魔	缝	营	趣	画
地	戏	球	图	魔	跳	篮	能	季	风	陶	球	游	能	足	趣
跳	图	法	画	法	猎	针	狩	松	微	远	游	戏	画	戏	图
棒	画	松	拼	游	摄	狩	影	趣	利	能	鱼	益	品	工	活
能	工	猎	魔	品	动	拳	游	图	跳	舞	魔	摄	益	舞	影
乐	品	舞	远	风	大	候	热	带	魔	品	营	露	纫	陶	术
艺	拼	工	温	卷	暴	气	动	跳	乐	园	雷	声	益	品	跳
缝	魔	能	度	龙	乐	暇	潜	陶	猎	能	活	钓	舞	雾	钓
天	空	影	游	飓	风	拳	缝	魔	拼	营	远	图	陶	艺	缝
摄	绘	云	品	活	棒	戏	潜	露	益	能	趣	足	阅	活	跳
潜	拼	击	营	趣	彩	虹	拳	益	魔	放	钓	技	纫	松	陶
能	冰	瓷	益	燥	阅	技	球	益	球	狩	击	读	鱼	艺	缝
松	影	影	陶	干	旱	魔	织	陶	拼	阅	活	暇	技	艺	动
利	缝	露	暇	舞	拳	摄	读	钓	乐	洪	术	陶	松	营	戏
活	足	猎	纫	乐	放	艺	乐	放	园	水	戏	潜	品	猎	益
舞	潜	松	猎	暇	摄	球	鱼	动	跳	舞	动	狩	击	舞	利

彩虹　　　　　　　极地
大气　　　　　　　干燥
微风　　　　　　　干旱
天空　　　　　　　温度
气候　　　　　　　风暴
洪水　　　　　　　雷声
季风　　　　　　　龙卷风
飓风　　　　　　　热带

55 - L'Entreprise

纫	术	拼	营	钓	工	能	戏	远	营	读	针	益	动	击	击
阅	猎	图	趣	图	猎	摄	能	能	跳	乐	读	潜	阅	放	动
单	位	远	鱼	织	瓷	乐	舞	趣	可	能	绘	鱼	乐	品	篮
陶	拳	绘	棒	钓	画	游	游	暇	能	拼	利	游	风	趋	纫
钓	动	暇	工	戏	乐	远	图	工	性	跳	画	能	险	远	势
魔	读	能	陶	益	松	益	篮	松	鱼	陶	能	松	工	织	放
能	画	营	技	纫	潜	影	足	就	业	益	拳	活	技	钓	击
收	入	松	击	动	棒	营	法	益	商	猎	钓	乐	能	术	针
松	利	游	法	暇	能	篮	戏	影	魔	声	誉	活	法	法	工
暇	趣	暇	放	摄	图	纫	暇	瓷	技	棒	营	篮	远	针	远
益	潜	拳	法	工	技	利	拳	艺	益	创	法	潜	园	拼	艺
织	活	狩	绘	资	利	意	拳	放	放	新	进	术	鱼	品	趣
戏	园	针	趣	利	球	影	决	定	能	的	游	展	营	动	画
潜	戏	绘	暇	资	投	露	钓	影	猎	业	工	工	远	介	乐
纫	魔	法	法	源	产	品	狩	图	摄	专	质	绘	读	松	绍
棒	绘	乐	阅	缝	瓷	营	图	技	棒	猎	量	潜	缝	绘	瓷

商业	专业的
创意	进展
决定	质量
就业	资源
工业	收入
创新的	声誉
投资	风险
可能性	工资
介绍	趋势
产品	单位

56 - Gouvernement

纫	图	松	园	乐	乐	讨	远	拳	动	品	拳	演	摄	足	读
棒	术	篮	鱼	能	法	论	拳	趣	潜	法	戏	跳	讲	拳	乐
潜	区	狩	针	鱼	法	营	法	鱼	猎	猎	球	钓	动	足	摄
放	针	针	阅	足	政	艺	暇	技	鱼	跳	露	工	品	图	和
自	钓	活	针	图	治	权	利	阅	拳	趣	读	阅	露	律	平
由	游	舞	乐	织	绘	远	纪	影	暇	影	营	钓	司	法	陶
能	织	影	织	魔	绘	舞	念	营	主	织	篮	足	绘	宪	品
猎	针	绘	园	猎	篮	动	碑	放	公	民	身	份	猎	益	工
魔	活	戏	球	摄	绘	法	瓷	织	工	艺	状	潜	陶	钓	针
象	瓷	魔	乐	画	平	远	能	陶	园	品	态	棒	露	跳	舞
征	工	舞	足	针	动	等	织	拳	魔	鱼	园	暇	篮	利	鱼
陶	动	国	家	钓	织	织	陶	拳	纫	民	事	魔	瓷	技	瓷
独	正	游	益	图	工	活	法	狩	园	击	鱼	缝	图	拳	影
立	义	游	拳	术	舞	工	趣	篮	影	活	戏	篮	利	画	陶
游	远	图	钓	乐	篮	跳	法	技	工	戏	拳	绘	陶	游	技
钓	法	法	术	技	活	拳	园	击	品	品	拼	益	猎	跳	影

公民身份　　　　司法
民事　　　　　　正义
宪法　　　　　　自由
民主　　　　　　法律
演讲　　　　　　纪念碑
讨论　　　　　　国家
权利　　　　　　和平
平等　　　　　　政治
状态　　　　　　象征
独立

57 - Randonnée

水	击	远	篮	鱼	准	品	击	绘	摄	舞	影	篮	露	鱼	法
钓	术	舞	远	钓	备	公	园	益	山	魔	乐	营	猎	击	园
跳	累	露	营	术	益	球	趣	瓷	纫	针	术	织	足	暇	荒
暇	拳	瓷	读	织	技	陶	陶	狩	绘	技	工	潜	拼	动	野
棒	影	足	鱼	悬	绘	戏	能	松	动	物	图	品	戏	击	纫
钓	纫	地	趣	崖	峰	放	方	大	自	然	法	读	气	候	技
游	远	图	缝	艺	会	太	鱼	向	戏	术	篮	趣	天	动	戏
球	击	营	靴	篮	能	魔	阳	石	钓	缝	舞	趣	品	益	绘
品	术	游	子	能	画	棒	头	影	游	技	放	绘	纫	舞
潜	鱼	利	篮	瓷	趣	术	猎	潜	读	园	击	工	法	读	法
跳	瓷	棒	钓	击	猎	活	活	足	放	击	图	乐	艺	园	狩
动	园	钓	法	重	缝	阅	营	松	图	缝	术	绘	绘	影	放
绘	术	放	乐	趣	趣	摄	鱼	影	鱼	猎	画	足	图	跳	放
能	利	篮	篮	技	戏	跳	读	暇	动	工	法	品	魔	织	织
放	指	活	益	技	棒	魔	拼	阅	益	营	影	戏	猎	工	阅
陶	南	魔	动	动	工	乐	拼	篮	鱼	拼	动	艺	影	法	露

动物	大自然	
靴子	方向	
露营	公园	
地图	石头	
气候	准备	
悬崖	荒野	
指南	太阳	
天气	峰会	

58 - Nutrition

工	法	图	远	拳	露	篮	质	乐	魔	趣	纫	针	拼	营	魔
放	重	量	发	钓	鱼	篮	量	影	影	击	鱼	能	暇	缝	影
松	松	拳	酵	活	品	图	摄	动	拳	趣	魔	园	露	读	陶
鱼	绘	戏	摄	狩	益	游	技	瓷	舞	击	艺	术	艺	戏	能
养	技	品	益	品	术	绘	趣	趣	松	陶	露	画	陶	读	篮
分	棒	术	法	读	阅	画	球	苦	益	跳	魔	篮	能	纫	跳
法	读	棒	拼	纫	拼	蛋	艺	乐	画	钓	图	棒	乐	纫	游
欲	食	猎	图	碳	读	白	狩	游	陶	游	远	利	画	戏	篮
读	用	鱼	趣	篮	水	质	阅	技	针	钓	卡	路	里	健	康
足	艺	球	戏	营	缝	化	消	鱼	园	园	动	纫	篮	陶	艺
缝	纫	舞	毒	织	绘	瓷	合	游	猎	织	陶	法	放	益	狩
篮	园	击	素	露	跳	摄	球	物	钓	缝	益	园	暇	技	击
平	维	生	素	动	狩	狩	技	画	针	技	阅	香	味	饮
鱼	衡	戏	远	击	击	图	技	松	园	足	棒	猎	料	道	食
活	营	的	放	读	魔	鱼	画	液	动	松	艺	露	戏	戏
足	陶	园	艺	酱	球	能	球	陶	摄	读	松	能	影	拳	绘

食欲	液体
卡路里	养分
食用	重量
饮食	蛋白质
消化	质量
香料	健康
平衡的	味道
发酵	毒素
碳水化合物	维生素

59 - Créativité

球纫针鱼戏乐自瓷法法想拼营动棒拳
营瓷棒灵艺术的发钓暇象跳利绘趣露
潜足棒感利放表达的瓷力纫戏舞阅营
营击活营拳园园足活艺活绘读针足游
针技感益读拳读强游愿松织棒利舞狩
益术觉直缝纫印跳度景松潜艺术艺法
棒瓷跳乐球益象影益露图像织趣击能
暇松远纫舞绘绘陶戏篮篮艺狩技能
放绘画狩工画拼技剧能绘乐术动游
击艺球松棒篮远利绘性实真品拳远击
击缝品鱼织法发图营能图远陶戏流拳
趣篮缝品远魔球明明晰情画篮动动艺
游益利工活跳跳钓阅篮绪露图戏性品
远足舞瓷织画图摄击暇松潜影技营
猎能工陶跳陶游篮能魔艺能摄动影鱼
暇活活品阅织织针织拼织读趣鱼跳摄

艺术的	想象力
真实性	印象
明晰	灵感
技能	强度
戏剧性	直觉
表达	发明
情绪	感觉
流动性	自发的
想法	愿景
图像	活力

60 - Science Fiction

鱼品工法棒园机钓未潜星暇技鱼品潜
钓球足乐技远器甲来系钓极原子法
反乌托邦爆炸人骨派松缝术术端放鱼
克艺戏托影影营文击营陶摄远织技
图隆影乌拼阅趣能足乐拼击放拳品钓
阅猎远趣活绘击能跳舞趣瓷活趣能游
露暇能益法篮陶舞活猎乐织远术拼
棒虚放能拼放篮远球能技利针营绘能
阅构松利球陶放图缝戏钓益活品足
猎的能远潜舞游纫错觉神魔瓷品篮
画阅魔趣动拼品图能露益秘影画艺露
露猎魔行魔园书籍放暇针绘瓷陶远摄
棒摄棒纫星陶艺品潜游乐舞放技暇魔
远火益读利营电舞放技术纫潜场景摄
能世界跳陶鱼影击法拳术足摄缝游艺影
法益击营缝放园放暇鱼潜瓷瓷猎拼鱼

原子　　　　　　　　书籍
电影　　　　　　　　世界
克隆　　　　　　　　神秘
反乌托邦　　　　　　甲骨文
爆炸　　　　　　　　行星
极端　　　　　　　　机器人
未来派　　　　　　　场景
星系　　　　　　　　技术
错觉　　　　　　　　乌托邦
虚构的

61 - Professions #1

水	管	工	音	技	影	园	术	地	织	阅	缝	棒	织	针	艺
缝	技	露	图	乐	工	护	士	质	纫	瓷	术	术	跳	织	拼
法	魔	猎	戏	读	家	制	技	学	拼	足	乐	读	技	纫	影
放	陶	影	狩	足	学	图	读	家	学	文	天	潜	拼	针	舞
篮	放	乐	营	绘	科	师	律	行	乐	营	潜	动	足	篮	缝
狩	营	益	露	露	医	生	钢	银	缝	瓷	法	露	潜	鱼	营
猎	阅	暇	教	魔	魔	珠	针	琴	暇	活	陶	戏	织	法	瓷
松	瓷	阅	练	绘	放	宝	缝	针	家	图	击	读	法	篮	园
拼	跳	绘	球	艺	拳	商	魔	画	学	拼	能	工	画	织	画
术	球	阅	营	影	球	拳	戏	图	理	舞	猎	潜	戏	跳	缝
猎	益	击	拳	画	舞	缝	园	织	心	蹈	跳	艺	魔	活	法
陶	游	摄	击	戏	钓	摄	松	游	拼	家	篮	动	足	猎	魔
艺	球	能	放	读	品	鱼	术	品	活	鱼	缝	画	编	辑	消
兽	针	法	篮	陶	大	使	棒	利	猎	跳	利	纫	动	活	防
医	击	跳	影	艺	园	动	法	术	猎	人	缝	远	游	戏	队
松	戏	狩	能	猎	益	拳	露	益	动	远	放	读	技	艺	员

大使	地质学家
天文学家	护士
律师	医生
银行家	音乐家
珠宝商	钢琴家
制图师	水管工
猎人	消防队员
舞蹈家	心理学家
教练	科学家
编辑	兽医

62 - Géologie

针 艺 戏 利 工 阅 画 棒 棒 足 拼 术 营 篮 跳 戏
熔 区 阅 鱼 针 鱼 动 影 陶 画 艺 戏 工 瓷 乐 活
纫 岩 猎 放 瓷 活 缝 缝 游 缝 拼 织 篮 潜 远
狩 活 乐 益 钓 拼 拼 影 术 乐 能 露 读 游 能 大
洞 画 织 鱼 棒 高 原 法 戏 瓷 拳 球 猎 魔 益 陆
穴 针 松 针 画 拼 陶 鱼 松 游 魔 拼 利 远 艺 松
术 暇 品 放 营 活 钙 英 石 头 火 山 拳 瓷 远
矿 物 舞 露 织 露 游 露 阅 动 乳 钓 舞 能 益
露 品 拳 暇 暇 画 露 缝 能 笋 石 盐 绘 珊 狩 魔
钓 织 放 趣 针 益 魔 趣 工 足 乐 化 乐 层 瑚 舞
魔 钓 缝 乐 图 瓷 拳 篮 针 益 潜 缝 画 法 猎 露
法 狩 魔 陶 法 动 画 击 猎 游 缝 图 跳 戏 图 绘
间 歇 泉 园 游 击 远 游 品 艺 水 晶 侵 益 益
摄 缝 露 放 术 术 球 工 影 影 潜 酸 工 绘 图 暇
趣 纫 鱼 利 园 鱼 读 品 读 针 织 绘 园 露 缝 狩
舞 营 趣 篮 钓 法 钓 魔 利 术 绘 摄 图 阅 益 松

洞穴	矿物
大陆	石头
珊瑚	高原
水晶	石英
侵蚀	钟乳石
化石	石笋
间歇泉	火山
熔岩	

63 - Jardin

画 术 活 针 土 乐 陶 松 暇 平 戏 软 营 图 魔 拳
能 松 杂 益 壤 画 影 钓 松 台 灌 木 管 放 营 花
工 摄 草 益 露 魔 拼 画 远 品 绘 戏 暇 猎 远 园 果
露 栅 栏 技 纫 读 球 击 摄 拼 放 织 击 拳 果
影 术 术 纫 针 工 魔 放 耙 利 活 画 画 瓷 篮 拳
球 艺 舞 织 针 针 猎 放 缝 暇 能 松 暇 松 篮 图
画 绘 读 拳 针 草 戏 放 能 足 术 摄 乐 纫 鱼 艺
蹦 铲 池 纫 车 动 乐 花 益 法 法 活 魔 暇 舞 工
陶 床 塘 园 摄 库 树 足 动 击 暇 园 潜 动 猎 击
魔 吊 乐 猎 狩 瓷 摄 能 松 拳 草 坪 绘 足 露 放
能 远 利 品 画 动 钓 放 远 跳 针 鱼 活 能 乐 工
暇 鱼 瓷 益 门 廊 露 工 纫 工 品 棒 篮 乐 益 跳
绘 拳 绘 影 品 乐 营 艺 益 活 艺 钓 品 益 拳 瓷
瓷 读 钓 乐 针 戏 钓 岩 石 影 图 读 法 戏 潜 拼
瓷 摄 园 艺 趣 暇 图 猎 图 活 营 足 技 瓷 游 技
拳 狩 跳 露 缝 跳 利 纫 放 鱼 读 拳 球 益 陶 缝

灌木
栅栏
池塘
车库
吊床
花园
杂草
草坪

门廊
岩石
土壤
平台
蹦床
软管
果园

64 - Santé et Bien Être #1

狩	趣	术	棒	击	陶	读	姿	医	疗	习	惯	钓	棒	远	工
篮	篮	篮	画	拳	法	织	露	势	营	乐	潜	活	图	远	陶
潜	松	园	阅	活	阅	术	跳	术	动	影	针	针	篮	乐	读
活	读	放	猎	工	术	工	动	潜	绘	阅	工	病	影	狩	乐
品	绘	术	陶	拳	工	品	远	利	营	读	露	毒	法	足	陶
动	瓷	益	球	潜	戏	篮	拳	拳	工	趣	戏	读	织	活	读
补	充	剂	画	魔	激	猎	益	球	画	技	拼	缝	技	猎	足
饥	远	利	纫	骨	头	素	摄	拼	球	魔	摄	细	图	诊	阅
饿	药	猎	放	足	鱼	肌	摄	篮	击	园	趣	菌	反	所	针
能	利	足	松	艺	绘	肉	工	球	品	织	戏	松	瓷	射	艺
棒	摄	乐	绘	园	营	影	技	拳	益	动	术	瓷	露	跳	园
趣	能	狩	高	度	艺	猎	绘	拳	治	疗	击	鱼	鱼	针	松
读	露	戏	篮	影	钓	针	趣	击	狩	趣	鱼	露	影	棒	击
园	戏	针	营	阅	术	技	益	利	拳	松	药	足	趣	趣	戏
露	影	技	瓷	球	工	陶	鱼	术	影	皮	店	绘	足	游	跳
瓷	瓷	松	趣	击	拼	击	纫	猎	营	肤	断	裂	医	生	术

细菌
诊所
饥饿
断裂
习惯
高度
激素
医生
医疗
肌肉

骨头
皮肤
药店
姿势
放松
反射
补充剂
治疗
病毒

65 - Barbecues

品	球	针	纫	胡	猎	益	盐	画	趣	能	露	绘	露	鱼	游
营	摄	鸡	舞	椒	法	热	鱼	拳	魔	能	篮	术	园	远
夏	摄	工	晚	餐	魔	跳	猎	术	艺	棒	动	活	术	鱼	工
天	露	棒	松	艺	术	露	洋	园	织	营	蔬	暇	品	鱼	影
松	阅	远	游	魔	拳	营	瓷	葱	游	击	魔	菜	足	术	艺
品	瓷	猎	露	画	活	趣	工	棒	戏	饥	影	营	暇	午	餐
露	技	活	能	法	趣	远	酱	篮	松	饿	瓷	益	画	松	魔
钓	缝	动	沙	陶	狩	益	戏	阅	术	舞	陶	动	篮	艺	影
暇	术	陶	拉	鱼	松	织	工	营	叉	鱼	针	能	活	篮	猎
营	拼	纫	游	营	缝	能	陶	纫	钓	趣	舞	远	拳	缝	松
暇	读	跳	远	戏	鱼	足	园	活	刀	音	露	瓷	阅	缝	乐
魔	利	足	远	纫	绘	游	放	能	狩	乐	放	猎	番	露	能
摄	绘	工	品	戏	织	拳	工	技	影	陶	纫	远	茄	暇	游
动	图	家	工	园	品	读	钓	能	潜	艺	鱼	暇	放	烧	烤
水	果	庭	术	纫	画	棒	跳	暇	读	针	球	篮	益	园	拼
猎	摄	放	鱼	潜	钓	松	暇	技	图	乐	陶	术	工	足	图

午餐
晚餐
夏天
饥饿
家庭
水果
烧烤

游戏
蔬菜
音乐
洋葱
胡椒
沙拉
番茄

缝	鱼	舞	棒	品	拳	击	游	缝	篮	益	艺	狩	针	动	游
读	戏	影	气	放	放	鱼	能	艺	松	能	织	拼	放	趣	技
潜	纫	缝	候	鱼	阅	摄	营	松	能	活	陶	影	避	难	所
读	鸟	类	舞	工	足	术	工	陶	纫	鱼	社	区	拼	舞	舞
法	利	昆	虫	露	瓷	远	暇	戏	法	工	瓷	针	足	画	舞
园	图	趣	魔	松	放	拼	趣	瓷	篮	趣	暇	摄	法	趣	物
保	存	生	能	画	园	影	画	阅	园	绘	击	针	足	阅	种
绘	植	织	恢	乐	松	缝	松	纫	利	艺	放	棒	织	绘
苔	藓	物	复	棒	丛	林	戏	瓷	织	技	棒	放	棒	游	法
有	工	放	活	暇	活	工	图	露	利	露	瓷	品	织	品	能
阅	价	大	自	然	篮	读	鱼	阅	技	益	艺	活	技	活	益
魔	影	值	织	拳	拼	跳	瓷	趣	露	松	品	纫	游	织	图
织	益	针	的	阅	技	拳	影	两	工	拳	动	多	乐	画	图
图	影	潜	趣	潜	阅	跳	尊	栖	益	拳	陶	样	益	击	狩
法	纫	拳	松	篮	击	鱼	重	动	艺	击	阅	性	画	工	跳
暇	棒	暇	法	球	动	云	乐	物	动	乳	哺	利	拳	针	松

两栖动物	苔藓
植物	大自然
气候	鸟类
社区	有价值的
多样性	保存
物种	避难所
昆虫	尊重
丛林	恢复
哺乳动物	生存

67 - Ferme #1

跳技图乐园阅缝舞放陶图跳技乐魔缝
农法影针技能绘跳动露织园缝利戏读
业益法魔益动品狗趣栅纫跳艺远魔活
远棒戏拳乐术技拳拳栏营缝乐趣拼水
画技利潜缝织狩鱼拼远舞暇乐马棒缝
鱼图法动品图艺品米足品绘针松暇针
阅缝猎暇陶击肥野牛缝艺法露乐陶钓
击放工钓拳艺图料猎游影织击利拼露
技钓动摄松舞乐利瓷艺纫纫针法猫潜
击绘影篮舞影动暇乐缝营益跳球乌
魔牛驴拼园放远园动露园领动足远鸦
活陶艺远鱼能戏乐山篮狩域干草暇针
针缝球法击击工群羊跳钓跳乐工魔阅
舞图拳暇戏鸡球术戏蜂活钓足戏绘钓
艺绘潜艺跳能小腿园法蜜猎暇营远棒
艺陶技针活技法乐影拼益营画摄艺松

蜜蜂	乌鸦
农业	肥料
野牛	干草
领域	蜂蜜
山羊	羊群
栅栏	小腿

68 - Antarctique

针舞活技绘陶拼水足陶拼营法篮篮阅
棒能艺品篮潜乐戏露乐活阅图绘纫松
摄活活趣绘猎跳科能篮工钓暇陶能
球营狩远绘图鱼学狩技纫球击舞法猎
击缝游棒织魔篮的移民鲸戏品鸟类魔
趣戏游潜能利缝洛击缝鱼乐远舞鱼
陶远趣跳能趣益奇潜远法击远拳冰形
影研究员影远潜缝舞技棒猎潜狩川地
击猎瓷潜利利放乐摄动纫艺术放针理
法陶趣大温击放动法湾织跳狩织瓷环
能工猎陆度足图足游舞针法益摄球境
松远放篮缝织织鱼足拼放鱼益钓足针
篮球乐拳屿园球魔跳拼工缝摄法矿活
潜保趣半岛营远露击图缝法猎球潜物
术暇护针趣瓷征瓷篮松魔影纫乐影
术技绘游拼拼棒阅足图陶品狩鱼趣趣

鲸鱼   移民
研究员   矿物
保护   鸟类
大陆   半岛
环境   洛奇
远征   科学的
地理   温度
冰川   地形
岛屿

69 - Professions #2

跳 法 纫 暇 球 跳 研 艺 摄 棒 钓 画 放 发 动 绘
放 阅 拼 纫 工 棒 究 狩 纫 球 绘 影 潜 篮 明 远
鱼 舞 趣 绘 缝 阅 员 航 宇 放 动 动 魔 球 钓 者
利 利 瓷 读 猎 读 能 法 陶 艺 松 狩 舞 放 阅 记
猎 影 游 语 言 学 家 术 医 生 球 游 技 远 图 画
动 击 生 园 缝 阅 学 插 牙 生 拼 品 棒 棒 暇 拳
图 跳 物 艺 棒 艺 哲 画 利 医 鱼 瓷 益 戏 远 露
潜 狩 学 利 松 乐 活 家 击 科 摄 营 益 艺 图 狩
松 绘 家 读 狩 织 影 织 远 外 摄 游 松 阅 书 益
瓷 潜 松 术 画 钓 鱼 戏 阅 球 园 影 画 家 管 利
园 棒 法 术 球 球 棒 动 鱼 动 缝 工 师 老 理 影
拼 术 乐 工 技 侦 探 物 纫 活 松 钓 拼 潜 员 趣
趣 鱼 瓷 程 活 能 跳 学 能 趣 能 钓 远 营 行 画
营 影 利 师 狩 术 针 家 猎 远 能 品 跳 阅 飞 摄
利 暇 阅 艺 陶 放 园 鱼 术 乐 纫 球 动 露 跳 工
园 丁 戏 狩 足 纫 露 放 舞 摄 利 足 舞 摄 远 缝

宇航员	发明者
图书管理员	园丁
生物学家	记者
研究员	语言学家
外科医生	医生
牙医	画家
侦探	哲学家
老师	摄影师
插画家	飞行员
工程师	动物学家

70 - Les Abeilles

縫足縫园纫技多花园击阅织摄画纫影
乐织远纫摄远样拼暇球魔拳织技狩放
猎纫太狩法织性远钓品远拼绘动读动
女王阳园绘生境拳瓷术跳钓针瓷法能
织绘棒能技技潜水果针钓远拼钓动远
游利园潜工露戏篮织摄击活足拳跳魔
拳阅技拼群活缝足远暇技绘摄魔阅趣
园生球松摄花粉缝球针有益的花击织
画法态陶戏术开技暇动游阅狩击猎足
远暇营系潜魔花园暇阅利放拳趣瓷画
足猎摄食统暇读狩瓷织烟阅露巢针拼
远法园物翅纫远图篮画针瓷阅蜂篮篮
趣潜术植膀工远足钓读篮图术蜜瓷棒
钓动鱼术松活法能潜击猎影益游读法
工鱼图拼绘营狩钓昆虫足猎阅舞拳利
技针图针针棒园画远蜡阅猎陶拼活暇

翅膀	花园
有益的	蜂蜜
多样性	食物
生态系统	植物
开花	花粉
水果	女王
生境	蜂巢
昆虫	太阳

血 利 乐 瓷 缝 足 针 篮 艺 卡 瓷 瓷 技 棒 篮 拳
钓 球 针 球 乐 利 足 魔 能 图 路 潜 缝 篮 猎 绘
工 读 绘 狩 法 拼 工 陶 法 篮 松 里 游 动 摄 利
卫 生 纫 缝 织 阅 乐 术 针 技 读 猎 瓷 棒 缝 益
纫 绘 魔 法 摄 过 击 猎 戏 魔 猎 游 瓷 技 球 潜
能 工 园 医 院 敏 球 针 术 跳 园 钓 松 拼 图 棒
技 击 利 压 缝 远 拼 读 狩 游 健 康 读 针 乐 活
感 染 法 力 游 陶 针 法 露 法 能 棒 鱼 缝 击 足
绘 影 鱼 戏 松 球 重 戏 暇 针 绘 潜 织 松 艺 跳
影 画 利 疾 术 戏 量 益 足 篮 钓 松 钓 乐 艺 露
拳 读 影 病 食 欲 能 纫 潜 工 工 工 潜 拳 法 远
魔 营 脱 水 读 陶 击 源 松 棒 远 鱼 园 能 篮 拼
篮 舞 图 活 魔 法 解 戏 工 身 恢 维 生 素 针 魔
纫 狩 营 养 拼 缝 剖 动 营 体 织 复 摄 针 足 击
球 游 跳 工 纫 织 学 传 遗 读 技 缝 趣 按 摩 术
图 艺 露 球 益 瓷 织 益 鱼 跳 露 画 球 读 园 潜

过敏	感染
解剖学	疾病
食欲	按摩
卡路里	营养
身体	重量
脱水	恢复
能源	健康
遗传学	压力
医院	维生素
卫生	

72 - Conduite

戏 魔 鱼 瓷 安 绘 戏 法 品 舞 鱼 露 放 松 园 摄
潜 影 画 瓷 全 能 园 法 篮 阅 放 露 工 速 游 放
动 纫 乐 织 放 气 趣 营 术 活 摄 露 度 瓷 路 摄
陶 魔 活 益 瓷 动 体 狩 摄 舞 钓 钓 魔 营 放 摄
法 狩 暇 艺 鱼 利 跳 针 利 戏 马 活 营 球 放 读
画 法 缝 跳 针 汽 车 利 车 库 达 阅 篮 拳 瓷 棒
艺 纫 画 事 故 猎 击 图 托 露 营 法 魔 益 缝
阅 棒 露 摄 艺 陶 法 针 摩 图 暇 拼 阅 阅 术 园
品 技 营 绘 露 狩 鱼 猎 动 远 远 针 能 猎 钓
营 瓷 活 暇 行 画 足 艺 能 画 针 织 远 球 图
卡 鱼 警 察 人 运 跳 球 益 拳 狩 益 针 魔
车 品 画 技 松 输 营 园 燃 料 摄 影 阅 猎
读 纫 读 球 图 暇 篮 摄 鱼 足 营 交 魔 阅 拳
图 纫 瓷 读 画 危 刹 松 击 跳 绘 远 通 陶 暇
能 品 营 园 营 险 车 道 露 地 图 益 活 击 魔
游 棒 魔 拼 针 执 照 舞 舞 松 鱼 狩 趣 影 针 暇

事故
卡车
燃料
地图
危险
刹车
车库
气体
执照
马达

摩托车
行人
警察
安全
交通
运输
隧道
速度
汽车

73 - Plantes

潜	放	游	乐	猎	鱼	击	常	春	藤	球	动	浆	阅	阅	潜
球	松	魔	摄	潜	拳	益	艺	益	织	露	品	活	果	戏	钓
艺	棒	拳	跳	法	绘	品	露	绘	跳	陶	织	树	画	乐	活
动	纫	陶	猎	品	足	潜	针	利	潜	戏	植	叶	瓷	拼	魔
图	瓷	影	陶	动	纫	动	陶	魔	跳	益	被	读	阅	击	利
仙	人	掌	球	织	术	魔	利	益	鱼	营	乐	瓷	草	术	品
针	法	舞	钓	针	暇	法	能	营	织	狩	绘	苔	纫	潜	豆
茎	篮	戏	棒	拳	益	乐	活	动	魔	魔	利	藓	摄	游	营
益	动	潜	潜	艺	趣	摄	绘	园	瓣	拳	潜	钓	品	瓷	远
益	瓷	远	图	利	魔	击	跳	拼	花	图	鱼	艺	利	动	图
技	术	钓	织	利	露	暇	猎	利	园	品	利	猎	击	拳	击
跳	针	球	图	营	利	陶	棒	能	画	森	林	植	物	学	织
灌	木	能	肥	料	树	远	园	棒	魔	品	法	乐	植	工	工
活	阅	阅	戏	拳	阅	球	法	活	瓷	潜	鱼	阅	暇	缝	鱼
读	拳	游	读	击	猎	球	拳	跳	根	竹	子	艺	陶	魔	拼
鱼	术	足	纫	技	跳	放	跳	利	工	阅	品	狩	能	针	织

浆果	植物
竹子	森林
植物学	花园
灌木	常春藤
仙人掌	苔藓
肥料	花瓣
树叶	植被

74 - Ferme #2

图读利食术球摄跳松魔瓷露戏球动利
球活魔物瓷棒拳鸭鱼羊灌摄益园能乐
趣艺舞缝艺谷陶游钓魔溉远水果缝球
牛奶趣暇球仓棒艺猎艺鱼趣露影鱼松
大露艺陶趣针艺击动戏篮动画读拳击
麦小活拼法陶工瓷能人乐鹅玉击营陶
跳戏摄击摄绘拳活瓷篮羊肉米跳摄露
品技术狩画术园益针跳钓牧击法魔工
拼跳法瓷美洲驼草摄足蔬拳图益园远
织乐阅能动技陶织甸球菜戏钓暇营瓷
放拖拉机拼放陶足潜营动技足球利陶
活阅钓艺益营钓猎图读摄品利棒露影
技益阅织活能图舞摄陶读园鱼针缝足篮
乐放营松拼艺缝利技阅露拳艺篮拳瓷
活益活球舞篮营品活动绘足农放潜拳
棒狩动物趣绘拼纫戏篮拼趣民戏趣戏

羊肉　　　　　美洲驼
农民　　　　　蔬菜
动物　　　　　玉米
牧羊人　　　　食物
小麦　　　　　大麦
水果　　　　　草甸
谷仓　　　　　拖拉机
灌溉　　　　　果园
牛奶

75 - Vacances #2

缝拳纫织织篮潜艺戏击法画园园暇陶
术放趣拼远棒动画鱼读绘陶露潜戏露
舞摄拳瓷影舞陶暇鱼园艺益击法魔绘
远影舞读陶纫运输钓球篮鱼舞放狩棒
瓷戏图暇足阅狩猎海暇拼趣品益活读
摄出假期摄读舞活滩放益暇松帐外画
餐厅租拳利片狩动跳足潜足瓷篷国足
舞能放车护照海暇品纫跳旅程拳人瓷
绘营篮狩舞露营品远趣暇签证法狩艺
拼目法工法拳足远舞工拼园露陶纫棒
能瓷的图绘猎岛技纫园钓魔活动艺术
能阅魔地纫读跳法园影拳钓针能火读
潜术放术游利戏暇绘篮工绘远机车足
园乐法篮跳织足益艺暇远棒戏场画钓
艺远拳击营远酒足放工放放摄狩品画
拼品术品活潜益店园鱼狩狩绘阅游绘

机场   餐厅
露营   出租车
地图   帐篷车
目的地   火运输
外国人   假期
酒店   签证
护照   旅程
照片
海滩

76 - Éthique

猎	营	仁	慈	放	工	纫	智	尊	放	影	缝	猎	猎	远	法
营	球	艺	活	松	篮	乐	慧	敬	图	击	活	针	击	艺	读
暇	放	营	游	游	个	尊	摄	的	舞	篮	能	能	影	阅	猎
跳	暇	拼	放	摄	人	严	潜	陶	纫	能	术	理	影	织	品
图	阅	益	猎	影	主	缝	击	陶	鱼	能	读	哲	性	瓷	瓷
善	良	读	远	工	义	主	实	现	露	合	理	学	园	猎	露
合	作	正	同	绘	主	宽	容	诚	针	舞	游	能	击	露
球	乐	直	情	术	他	针	纫	瓷	球	暇	织	钓	技	放
园	拳	乐	拳	乐	利	织	鱼	松	拼	缝	绘	舞	利	乐	鱼
乐	魔	艺	工	放	纫	球	品	影	击	游	活	技	能	钓	乐
观	摄	陶	画	戏	钓	魔	画	远	乐	外	猎	读	戏	艺	能
园	钓	猎	织	拼	击	人	性	足	足	织	交	活	能	钓	远
趣	图	园	织	益	篮	动	舞	织	耐	趣	瓷	猎	放	拳	纫
暇	狩	陶	乐	篮	松	拼	动	篮	心	法	艺	术	戏	鱼	乐
画	针	陶	品	篮	趣	园	球	戏	狩	舞	趣	能	摄	游	陶
篮	动	绘	能	陶	球	钓	舞	绘	潜	趣	猎	篮	游	露	放

利他主义	正直
仁慈	乐观
同情	耐心
合作	哲学
尊严	合理
外交	理性
善良	尊敬的
诚实	现实主义
人性	智慧
个人主义	宽容

77 - Temps

品	艺	棒	戏	陶	钓	利	足	棒	早	法	工	摄	工	陶	趣
很	快	世	阅	针	戏	摄	利	影	晨	篮	游	钓	远	击	狩
乐	营	纪	球	舞	分	鱼	舞	篮	放	棒	月	图	瓷	昨	利
陶	球	趣	品	工	纫	钟	图	读	法	园	舞	拼	影	天	魔
图	魔	鱼	棒	趣	以	击	瓷	未	来	能	缝	戏	潜	园	术
猎	跳	足	放	活	前	远	术	魔	魔	拳	放	艺	益	乐	钓
能	远	能	钓	周	摄	放	魔	利	暇	活	动	工	戏	钓	工
狩	跳	纫	拳	园	法	跳	绘	跳	远	放	潜	跳	画	暇	读
钓	足	棒	活	针	益	放	读	瓷	术	缝	能	放	击	舞	画
戏	狩	摄	绘	远	织	园	图	拼	松	拼	中	棒	能	松	远
技	潜	每	游	纫	松	利	舞	拼	篮	针	陶	午	能	益	日
读	远	年	纫	舞	工	品	图	纫	击	篮	利	松	露	跳	历
足	拼	十	松	能	棒	足	法	拳	能	织	品	益	品	营	图
拼	瓷	鱼	乐	时	钟	现	术	拳	远	击	针	松	拼	营	法
术	露	术	动	小	晚	上	在	读	舞	术	潜	艺	摄	后	舞
暇	球	松	暇	远	动	阅	潜	乐	瓷	园	技	品	工	品	鱼

每年	时钟
以前	现在
很快	早晨
日历	中午
十年	分钟
未来	晚上
小时	世纪
昨天	

78 - Maison

钥	魔	园	戏	术	暇	瓷	舞	跳	花	利	陶	益	陶	利	远
织	匙	阅	足	陶	图	画	术	鱼	园	营	篮	击	阅	游	足
织	营	读	足	法	放	术	潜	陶	潜	营	技	棒	狩	针	跳
跳	灯	放	拼	跳	营	动	乐	纫	利	技	绘	游	鱼	镜	足
壁	棒	缝	能	能	阅	扫	帚	远	足	陶	绘	趣	针	子	织
炉	乐	狩	活	术	拼	魔	缝	棒	读	钓	动	营	游	针	益
篮	屋	顶	篮	阅	天	舞	影	读	图	车	读	陶	游	潜	动
趣	瓷	技	户	瓷	花	跳	活	读	书	库	栅	栏	摄	利	游
纫	绘	品	窗	动	板	织	狩	乐	馆	趣	松	松	画	游	球
益	品	能	益	帘	能	放	棒	游	读	术	乐	术	拼	露	乐
动	活	足	图	露	艺	瓷	猎	法	地	跳	艺	足	瓷	针	魔
钓	织	狩	舞	利	拳	足	摄	棒	能	毯	魔	活	营	拼	法
品	缝	远	潜	影	放	益	棒	钓	放	园	缝	园	鱼	阅	猎
缝	技	钓	趣	厨	品	棒	暇	趣	趣	阁	楼	房	图	图	益
针	能	法	墙	房	艺	露	阅	活	活	足	淋	间	动	瓷	技
松	纫	画	艺	针	陶	品	动	足	跳	针	浴	阅	品	技	动

扫帚
图书馆
房间
壁炉
钥匙
栅栏
厨房
淋浴
窗户

车库
阁楼
花园
镜子
天花板
窗帘
地毯
屋顶

79 - Légumes

蘑	园	术	拼	影	阅	姜	击	鱼	摄	缝	香	读	针	芹	品
菇	法	露	魔	钓	放	益	游	棒	瓷	活	黄	菜	技	菜	品
术	品	营	拳	园	纫	游	足	舞	跳	萝	卜	瓜	影	瓷	橄
读	利	乐	动	工	阅	游	摄	画	猎	动	萝	狩	影	足	榄
戏	钓	篮	番	狩	品	击	动	暇	读	法	胡	棒	戏	游	沙
潜	针	瓷	茄	拳	戏	猎	暇	足	缝	钓	松	利	动	拉
豌	豆	游	画	暇	艺	阅	足	拳	魔	露	利	能	动	园	营
钓	拼	陶	工	技	益	潜	工	暇	益	图	篮	钓	能	拳	益
阅	摄	放	游	松	篮	鱼	猎	跳	拳	园	织	猎	图	瓷	园
南	瓜	菠	工	园	鱼	葱	洋	西	兰	花	拼	图	陶	拳	击
露	工	菜	陶	朝	露	针	松	工	瓷	画	影	阅	鱼	游	露
园	园	益	阅	鲜	拳	术	芜	大	蒜	工	魔	读	纫	园	猎
纫	球	摄	游	蓟	读	茄	影	菁	趣	松	舞	乐	技	跳	篮
益	技	舞	棒	松	击	子	术	露	营	活	拳	钓	潜	艺	营
能	法	利	游	读	营	击	舞	魔	戏	棒	瓷	摄	暇	技	拼
织	钓	缝	魔	露	球	乐	拳	技	针	远	读	球	趣	露	放

大蒜
朝鲜蓟
茄子
西兰花
胡萝卜
芹菜
蘑菇
南瓜
黄瓜

菠菜
芜菁
洋葱
橄榄
香菜
豌豆
萝卜
沙拉
番茄

80 - Famille

活钓纫缝陶足瓷鱼活叔法术鱼乐画动
瓷活益图祖妻子阿叔放园暇露法舞织
技篮乐狩先品潜影营松跳陶趣足兄摄
针陶读动潜针放狩园女儿乐针绘弟狩
远跳魔跳游摄鱼益园能法鱼篮远魔读
缝技动狩营钓戏钓织绘放陶绘魔祖母
法法动击棒鱼活放活动击跳棒祖跳园
魔舞画暇击游猎狩陶击品读技击拳篮
品术艺法园活钓拳趣放舞戏绘跳露拼
祖父动术魔纫钓棒法纫猎鱼工拳妇棒
侄魔能陶钓篮品击能画暇魔画露工
子孙松潜益品阅拳画篮影戏产妇拼
戏父亲的丈孩术姐侄年动击戏跳动
营动母父夫子活姐阅暇表钓潜影跳品
园拼远篮品魔乐篮绘技活图乐篮猎艺

祖先　　　　　　产妇
表哥　　　　　　母亲
童年　　　　　　侄子
孩子　　　　　　侄女
妻子　　　　　　叔叔
女儿　　　　　　父亲的
兄弟　　　　　　孙子
祖母　　　　　　父亲
祖父　　　　　　姐姐
丈夫　　　　　　阿姨

81 - Oiseaux

园	游	园	活	影	纫	动	缝	艺	阅	法	拼	棒	图	鹈	杜
击	远	艺	读	舞	阅	舞	拳	猎	能	拼	利	绘	鱼	鹕	鹃
鸵	鸟	烈	火	动	球	技	棒	跳	跳	击	图	摄	跳	暇	画
益	拳	游	篮	篮	工	钓	击	鸡	天	鹅	球	园	技	鹦	猎
艺	陶	潜	狩	术	织	足	舞	游	缝	松	钓	棒	趣	鹉	织
阅	阅	戏	放	拳	鱼	趣	戏	鱼	拼	针	球	法	品	画	鹳
鹰	足	阅	陶	益	放	陶	跳	影	技	工	技	游	戏	趣	品
动	露	戏	鸽	子	拼	法	鱼	影	画	术	工	暇	纫	读	阅
利	画	技	露	图	益	营	企	艺	针	球	狩	魔	瓷	针	影
鸭	瓷	击	足	趣	陶	乐	鹅	利	乐	术	乐	远	读	艺	舞
园	鱼	戏	针	球	麻	雀	利	绘	活	钓	影	舞	瓷	棒	影
狩	戏	活	工	品	拳	放	艺	鸟	艺	品	趣	营	活	拳	拳
利	足	阅	球	篮	工	拼	蛋	鸦	鹅	陶	营	舞	露	营	陶
读	读	孔	雀	益	巨	击	放	纫	鱼	摄	乐	跳	画	舞	针
苍	艺	瓷	工	缝	嘴	技	利	影	营	技	游	暇	鸥	跳	拳
织	鹭	阅	跳	拳	鸟	篮	瓷	棒	趣	利	利	读	图	远	舞

鸵鸟　　　　　　　企鹅
鸽子　　　　　　　麻雀
乌鸦　　　　　　　孔雀
杜鹃　　　　　　　鹦鹉
天鹅　　　　　　　鹈鹕
火烈鸟　　　　　　巨嘴鸟
苍鹭

82 - Disciplines Scientifiques

利	生	物	化	学	理	心	织	击	跳	品	拳	术	热	游	品
画	读	陶	动	物	能	纫	纫	游	狩	潜	绘	纫	力	球	钓
棒	法	益	远	矿	技	活	缝	活	游	活	活	能	学	天	针
图	暇	术	放	钓	舞	纫	露	跳	动	露	魔	缝	物	文	图
影	戏	活	戏	放	魔	鱼	营	趣	放	乐	动	鱼	植	学	狩
绘	针	陶	动	活	狩	瓷	免	缝	魔	钓	园	影	陶	解	品
阅	暇	狩	气	象	学	社	技	疫	露	远	品	读	游	剖	阅
鱼	远	舞	影	能	瓷	会	工	跳	学	拳	针	暇	读	学	力
拳	动	语	魔	利	画	学	技	松	松	击	艺	益	营	经	化
狩	艺	言	猎	纫	击	篮	舞	技	跳	狩	松	拼	品	神	魔
篮	利	学	古	考	瓷	瓷	趣	乐	图	击	绘	远	园	趣	放
足	拳	物	质	暇	读	瓷	球	工	钓	图	读	远	钓	动	鱼
拼	法	生	画	地	生	态	学	鱼	技	鱼	营	棒	狩	拼	术
动	物	学	魔	缝	狩	猎	影	露	暇	远	跳	能	术	阅	乐
生	理	学	拼	放	动	戏	鱼	图	缝	棒	乐	猎	动	益	击
陶	暇	猎	图	针	摄	技	术	摄	工	放	技	陶	拼	技	棒

解剖学	语言学
考古学	力学
天文学	气象学
生物化学	矿物学
生物学	神经学
植物学	生理学
化学	心理学
生态学	社会学
地质学	热力学
免疫学	动物学

83 - Maladie

画	鱼	击	阅	潜	遗	画	趣	术	暇	瓷	技	瓷	暇	露	拳
过	能	远	棒	露	传	图	阅	工	远	戏	法	营	图	术	
绘	敏	治	疗	摄	鱼	远	趣	纫	利	乐	游	活	戏	图	
暇	营	针	拼	图	技	阅	游	利	工	营	织	篮	针	球	图
舞	针	骨	暇	击	潜	篮	魔	画	松	技	钓	艺	针	阅	
乐	动	头	猎	动	细	乐	游	技	纫	能	鱼	潜	摄	工	织
品	术	读	足	棒	菌	读	利	纫	法	远	阅	绘	术	球	
神	经	病	能	摄	画	技	阅	魔	动	营	球	纫	趣	能	利
影	钓	潜	猎	纫	露	猎	球	陶	术	鱼	腰	读	戏	技	魔
露	远	陶	阅	击	球	活	趣	利	松	益	椎	拳	艺	缝	技
绘	钓	术	活	健	康	舞	戏	足	园	腹	放	魔	织	潜	放
阅	园	瓷	利	图	法	动	画	读	拳	部	呼	吸	的	免	棒
暇	摄	心	摄	身	画	乐	猎	陶	鱼	工	状	游	远	疫	动
能	游	影	钓	体	阅	活	足	舞	暇	篮	炎	症	鱼	拳	瓷
趣	活	游	影	松	鱼	纫	戏	潜	法	影	急	性	阅	染	传
缝	窦	拼	足	利	钓	能	暇	狩	游	游	工	营	慢	园	园

腹部	炎症
急性	腰椎
过敏	神经病
细菌	骨头
慢性	呼吸的
传染性	健康
身体	症状
遗传	治疗
免疫	

84 - Univers

利 绘 猎 能 狩 拳 魔 黑 天 益 赤 球 可 暇 活 技
棒 猎 术 月 亮 松 绘 法 暗 文 道 活 见 纬 棒 陶
钓 陶 动 跳 营 拼 能 放 画 猎 学 读 利 度 经 技
钓 读 营 露 暇 利 品 远 潜 图 图 跳 艺 益 度 轨
陶 暇 园 工 营 缝 击 小 半 球 跳 针 狩 拼 园 道
游 趣 拼 远 瓷 游 利 露 行 系 品 工 阅 暇 动 影
读 放 鱼 猎 足 潜 球 钓 放 星 大 气 层 鱼 游 鱼
太 拼 乐 术 露 戏 阅 猎 放 工 魔 趣 拼 摄 利 松
阳 冬 陶 游 露 缝 纫 陶 针 露 舞 营 活 拼 猎
的 至 露 棒 益 营 能 影 松 瓷 能 活 瓷 能 织
钓 黄 瓷 摄 纫 拳 舞 击 缝 织 针 品 舞 摄
瓷 道 钓 图 读 松 陶 钓 摄 读 缝 潜 球 品
缝 带 阅 钓 击 宇 技 望 狩 鱼 营 针 画 营 瓷
拳 乐 图 猎 跳 宙 法 活 远 乐 园 狩 营 猎 乐 棒
潜 陶 天 空 地 平 线 艺 镜 天 文 学 家 钓 球 纫
拼 图 读 篮 鱼 放 画 放 击 乐 戏 舞 活 暇 游 击

小行星
天文学家
天文学
大气层
天空
宇宙
赤道
星系
半球
地平线

纬度
经度
月亮
黑暗
轨道
太阳的
冬至
望远镜
可见
黄道带

85 - Géographie

乐球拼益猎绘游潜世瓷露陶潜海洋潜
品法猎戏篮狩潜舞界拳舞鱼技暇阅狩
狩技营活摄绘露球能远击缝读乐南
狩益露钓松趣动摄击活益动图图益摄
棒能棒影戏击营利子午线益影织暇益
影利舞暇园技技松鱼篮读远西钓瓷活
艺法术足织鱼城益瓷海棒瓷远利山足
趣纫品品绘艺市足国影钓法猎术影技
趣球品戏露岛术营鱼家棒放工动品跳
戏远猎击益织工益松影缝营放猎篮活
织暇术益松跳阅技河游法戏猎篮半球
利动法击品园球区艺利益艺图北舞艺
纬影魔潜工拼远地棒游趣艺放利瓷影
度绘图大棒跳放集图地益鱼瓷画
陶活能陆营露读读画露瓷园摄读利影
领土露露艺猎狩钓松舞园摄读度法击

高度
地图集
地图
大陆
半球
纬度
子午线

世界
海洋
国家
地区
领土
城市

86 - Bâtiments

趣 画 游 营 天 影 暇 剧 放 利 猎 游 艺 舞 球 艺
帐 篷 车 阅 文 戏 画 益 院 影 活 棒 陶 绘 法 谷
趣 学 大 库 台 鱼 动 营 医 潜 阅 能 塔 瓷 博 仓
拳 校 拳 针 瓷 拳 跳 乐 纫 瓷 画 绘 钓 物 鱼
读 益 益 摄 艺 织 暇 图 园 绘 品 读 法 拳 馆 松
阅 远 猎 绘 园 瓷 拳 跳 游 跳 影 鱼 潜 跳 使 游
魔 舞 潜 戏 篮 纫 影 暇 技 鱼 利 趣 猎 大 艺
猎 益 钓 猎 陶 缝 品 乐 工 松 实 验 室 鱼 园
利 法 舞 魔 暇 绘 动 击 放 钓 活 针 瓷 技 画 远
拳 图 园 缝 活 缝 跳 超 级 市 场 陶 潜 趣
摄 放 品 品 绘 针 营 园 动 能 篮 育 狩 戏 益
酒 城 堡 工 跳 舞 拳 潜 拳 电 影 体 影 戏 能
织 店 针 厂 艺 乐 远 跳 篮 猎 绘 图 猎 营 瓷
棒 趣 松 鱼 戏 舱 瓷 松 舞 益 阅 艺 活 纫 趣 拼
动 读 游 针 放 图 瓷 园 针 击 公 技 篮 绘 绘 织
球 趣 瓷 足 营 足 品 狩 动 跳 寓 拼 鱼 活 益 织

大使馆
公寓
城堡
电影
学校
车库
谷仓
医院
酒店

实验室
博物馆
天文台
体育场
超级市场
帐篷
剧院
大学
工厂

87 - Activités et Loisirs

绘	法	绘	狩	影	利	能	品	击	游	泳	陶	读	利	冲	棒
露	潜	猎	潜	放	露	营	暇	乐	阅	艺	摄	拳	购	潜	浪
猎	放	水	放	松	拼	法	远	游	戏	棒	艺	拼	物	松	棒
活	营	绘	拳	拳	摄	狩	篮	工	鱼	陶	拳	能	工	趣	术
潜	动	球	拳	摄	绘	潜	能	读	园	能	阅	缝	能	游	钓
高	游	魔	击	拼	篮	拼	放	画	网	钓	活	术	工	拼	读
图	尔	跳	影	益	棒	园	艺	瓷	球	篮	放	纫	戏	织	陶
阅	舞	夫	趣	读	拼	工	戏	钓	棒	潜	术	拼	远	品	击
篮	远	游	球	足	足	读	画	鱼	拼	能	品	活	影	拼	陶
狩	拳	艺	排	织	针	舞	暇	摄	钓	织	瓷	技	画	术	摄
艺	纫	露	狩	活	趣	暇	画	能	利	陶	读	纫	钓	绘	舞
露	露	画	松	远	技	猎	舞	工	拼	旅	猎	阅	能	品	魔
品	阅	营	阅	狩	拳	鱼	拼	针	爱	行	棒	拳	击	狩	园
营	狩	暇	图	狩	图	鱼	营	松	好	潜	瓷	游	园	益	能
钓	远	鱼	松	阅	拼	棒	球	活	读	法	品	游	缝	猎	工
术	拳	法	园	技	乐	潜	动	动	影	艺	术	陶	读	远	足

购**物**
艺术
棒球
篮**球**
拳击
露营
足球
高**尔夫球**
园艺
游泳

爱**好**
钓**鱼**
潜水
远**足**
放**松**
冲**浪**
网**球**
排**球**
旅行

88 - Livres

趣拳织活阅绘戏篮动球术画击趣术拳
画能露收藏影远利动绘冒活鱼工乐缝
小说画上乐活足游陶趣品险篮摄潜拼
钓摄读下织利潜旁营狩击击能舞趣工
鱼球篮文悲剧潜织白益趣艺织戏术钓
图发画钓缝趣游营相篮瓷幼园影鱼
露明游幼摄松缝图关工技读钓篮瓷画
动陶瓷益摄跳读者的戏暇艺跳园摄艺
阅动益影能猎舞狩猎远诗史棒法营法
画读历史的游绘读艺魔球动图术织诗
益击绘工乐游跳趣猎工猎绘棒歌
跳乐放钓球魔趣读故松趣乐摄益趣页
幼潜读读狩拳趣幼事游图影远益画针
远幽狩品品鱼园游游织击击缝鱼缝暇
活拼默系二元性作者放活品文学瓷趣
猎活摄列趣狩狩营乐画陶营游益游针

作者   发明
冒险   读者
收藏   文学
上下文   旁白
二元性   相关的
史诗   诗歌
故事   小说
历史的   系列
幽默   悲剧

图	篮	叙	法	趣	乌	跳	趣	乌	苏	利	瓷	摄	松	足	足
黎	巴	嫩	利	纫	干	海	地	克	丹	画	术	足	针	缝	摄
园	鱼	游	能	亚	达	狩	缝	兰	摄	益	戏	足	潜	俄	钓
品	活	纫	潜	尼	鱼	法	益	利	读	能	乐	鱼	拼	罗	织
针	营	篮	钓	巴	暇	陶	棒	图	摄	索	马	里	斯	利	
陶	品	能	摄	尔	舞	老	挝	工	放	影	绘	印	跳	足	活
画	乐	纫	动	阿	猎	术	织	影	动	品	棒	度	足	法	魔
露	术	棒	足	织	益	缝	摄	艺	狩	画	技	尼	魔	读	棒
趣	工	戏	瓷	露	足	丹	麦	影	拼	营	暇	西	技	工	益
猎	球	游	爱	尔	兰	魔	日	露	图	陶	术	亚	尼	肯	阅
法	跳	阅	篮	钓	潜	暇	益	本	针	画	巴	基	斯	坦	足
放	国	阅	墨	西	哥	狩	露	影	钓	织	艺	针	舞	纫	能
趣	中	戏	足	舞	钓	陶	营	松	技	乐	活	拳	篮	画	跳
技	牙	买	加	狩	瓷	钓	乐	篮	织	猎	阅	活	能	拼	游
摄	法	乐	拼	棒	足	露	乐	术	松	鱼	足	猎	纫	法	瓷
阅	益	工	露	露	乐	缝	远	击	跳	篮	品	球	趣	跳	狩

阿尔巴尼亚　　　　老挝
中国　　　　　　　黎巴嫩
丹麦　　　　　　　墨西哥
法国　　　　　　　乌干达
海地　　　　　　　巴基斯坦
印度尼西亚　　　　俄罗斯
爱尔兰　　　　　　索马里
牙买加　　　　　　苏丹
日本　　　　　　　叙利亚
肯尼亚　　　　　　乌克兰

90 - Fournitures d'Art

潜	趣	能	纫	桌	子	击	放	纫	狩	绘	魔	暇	画	乐	趣
园	足	放	跳	绘	狩	画	远	营	益	织	陶	陶	工	拼	游
读	利	动	远	暇	放	露	球	法	趣	跳	画	刷	球	舞	纫
游	乐	松	纫	钓	营	松	放	拼	潜	拼	摄	子	椅	益	远
术	趣	图	阅	戏	缝	陶	法	园	艺	绘	戏	能	拼	球	品
潜	创	利	能	乐	舞	针	远	园	针	跳	击	趣	狩	远	纫
水	造	艺	乐	画	趣	活	魔	术	乐	益	阅	放	远	影	鱼
彩	力	篮	钓	橡	皮	陶	能	魔	活	鱼	纸	放	缝	黏	土
工	粉	利	园	狩	胶	游	陶	纫	益	照	品	颜	潜	足	利
趣	戏	动	棒	拼	水	工	松	利	球	相	织	工	色	阅	露
魔	击	术	缝	想	术	园	画	猎	丙	机	技	益	油	钓	图
工	摄	绘	影	法	游	摄	足	游	烯	能	戏	拳	营	击	技
棒	木	炭	织	远	术	拼	戏	摄	酸	远	松	瓷	拳	趣	园
拼	缝	活	纫	能	缝	跳	绘	法	纤	钓	纫	趣	棒	缝	针
舞	画	钓	动	缝	技	动	益	陶	维	营	击	松	拳	陶	缝
技	益	架	铅	笔	拼	乐	游	图	暇	墨	水	技	织	陶	游

丙烯酸纤维　　　　　　颜色
水彩　　　　　　　　　铅笔
黏土　　　　　　　　　创造力
刷子　　　　　　　　　墨水
照相机　　　　　　　　橡皮
椅子　　　　　　　　　想法
木炭　　　　　　　　　粉彩
画架　　　　　　　　　桌子
胶水

91 - Eau

工	益	读	河	工	舞	潮	湿	潜	影	击	跳	舞	舞	足	放
拳	放	阅	运	影	术	缝	拼	园	读	猎	魔	跳	击	跳	湖
图	幼	法	影	园	图	益	拳	图	狩	艺	画	益	画	阅	远
间	歇	泉	鱼	暇	绘	暇	露	法	淋	图	魔	潜	狩	动	舞
利	露	钓	拳	钓	缝	球	品	趣	摄	浴	棒	拼	远	活	露
足	织	戏	足	陶	影	猎	艺	动	乐	暇	艺	艺	瓷	动	乐
拳	趣	舞	法	雪	趣	艺	跳	远	乐	趣	绘	拼	趣	摄	棒
艺	动	霜	暇	足	露	图	活	拳	影	灌	溉	活	棒	跳	远
读	趣	松	露	乐	拳	拳	动	瓷	洪	水	季	风	织	猎	舞
游	击	阅	益	营	阅	暇	益	放	远	瓷	拼	飓	放	击	篮
篮	阅	影	法	放	拳	能	摄	潜	棒	暇	露	阅	趣	能	露
画	陶	蒸	汽	艺	松	读	戏	魔	绘	戏	利	松	画	利	绘
陶	戏	趣	动	冰	活	园	魔	拳	蒸	趣	海	鱼	利	狩	读
法	画	拼	雨	缝	缝	棒	戏	绘	摄	发	影	洋	舞	跳	趣
跳	营	钓	远	跳	戏	跳	益	幼	跳	湿	猎	拼	趣	绘	绘
影	针	球	足	狩	绘	击	击	乐	乐	度	击	图	波	浪	瓷

运河	灌溉
淋浴	季风
蒸发	海洋
间歇泉	飓风
潮湿	波浪
湿度	蒸汽
洪水	

92 - Jazz

法 足 绘 园 击 益 图 松 击 游 放 魔 影 瓷 读 阅
人 才 瓷 动 狩 图 绘 品 艺 拼 鱼 图 钓 艺 品 魔
棒 工 露 鱼 营 拼 戏 艺 击 松 针 游 拳 瓷 阅 活
露 品 击 工 钓 读 猎 陶 幼 狩 跳 棒 露 戏 舞 法
摄 针 猎 乐 织 足 动 露 益 音 拳 营 影 钓 戏 舞
动 拳 鱼 乐 营 跳 露 游 品 放 乐 音 作 拳 益 阅
暇 利 陶 拼 画 篮 拼 暇 读 陶 法 会 曲 歌 图 工
篮 阅 戏 管 趣 松 能 法 艺 品 篮 纫 家 趣 工 足
法 跳 钓 弦 棒 魔 球 重 点 园 绘 活 术 技 能 猎
动 园 影 乐 读 园 术 读 拳 篮 游 足 艺 节 潜 魔
鼓 击 瓷 队 球 画 园 织 戏 益 动 艺 奏 风 独 奏
园 魔 专 辑 跳 活 松 纫 狩 图 针 鱼 读 绘 格 活
球 益 能 露 陶 图 即 舞 陶 品 跳 阅 老 球 利 纫
放 鱼 法 绘 新 狩 兴 影 读 织 著 名 的 组 利 艺
拼 阅 跳 瓷 球 的 创 拼 绘 游 钓 类 成 活 艺 工
针 益 舞 远 钓 暇 作 击 工 纫 戏 影 型 松 营 工

重点
专辑
艺术家
著名的
歌曲
作曲家
组成
音乐会
类型

即兴创作
音乐
新的
管弦乐队
节奏
独奏
风格
人才
技术

93 - Paysages

潜	球	跳	绘	绘	陶	园	魔	露	织	潜	游	松	阅	放	利
趣	足	针	放	画	沙	漠	读	洞	间	山	谷	戏	击	动	足
球	摄	钓	拳	瀑	营	猎	钓	织	穴	歇	织	拳	艺	法	戏
影	动	法	球	活	布	针	舞	河	口	露	泉	纫	摄	图	击
技	图	营	拼	鱼	乐	舞	法	跳	品	读	游	瓷	猎	摄	露
绿	洲	园	钓	纫	湖	游	瓷	露	能	读	露	海	滩	海	洋
技	游	法	技	园	瓷	活	法	潜	鱼	图	艺	纫	舞	园	篮
活	瓷	益	园	鱼	纫	乐	能	品	放	画	川	缝	益	能	缝
能	足	影	益	足	山	拼	阅	棒	露	读	冰	读	沼	工	艺
球	棒	暇	半	活	暇	远	陶	拳	利	利	山	纫	泽	动	趣
图	趣	绘	岛	绘	钓	瓷	工	针	能	缝	跳	缝	击	鱼	园
河	钓	狩	摄	魔	拼	织	篮	游	鱼	绘	戏	瓷	放	能	针
拳	纫	猎	图	潜	露	远	魔	魔	乐	潜	图	营	瓷	园	舞
魔	营	火	缝	阅	动	技	戏	足	跳	放	猎	戏	潜	篮	活
狩	影	山	利	能	狩	利	戏	游	游	棒	术	营	术	图	松
术	品	拳	岛	足	缝	动	击	工	利	苔	原	瓷	法	露	魔

瀑布	绿洲
沙漠	海洋
河口	半岛
间歇泉	海滩
冰川	苔原
洞穴	山谷
冰山	火山
沼泽	

工	松	拳	织	拼	能	魔	趣	篮	纫	乐	利	能	鱼	益	陶
戏	绘	利	园	针	舞	动	纫	乐	露	影	戏	松	画	活	艺
读	瓷	德	狩	画	法	足	尔	放	法	营	画	瓷	露	松	钓
缝	跳	国	魔	图	品	读	多	松	印	摄	棒	篮	读	工	技
乐	里	钓	舞	尼	加	拉	瓜	棒	度	足	缝	织	拼	放	棒
罗	马	尼	亚	能	画	篮	厄	缝	术	鱼	术	瓷	潜	露	利
游	益	缝	陶	利	利	比	亚	游	狩	工	钓	针	能	猎	法
工	园	术	图	放	鱼	戏	绘	露	戏	趣	瓷	钓	拳	棒	足
活	摩	纫	放	陶	益	足	廷	芬	缝	利	纫	拳	法	陶	法
魔	针	洛	菲	律	宾	活	根	兰	跳	利	趣	画	猎	跳	狩
读	放	挪	哥	术	舞	艺	阿	艺	击	品	远	暇	缝	舞	乐
瓷	戏	瓷	威	巴	拿	马	富	魔	针	棒	纫	读	以	跳
活	法	能	乐	篮	技	戏	汗	远	击	技	针	活	足	色	画
工	趣	游	技	松	舞	西	班	牙	影	放	园	纫	球	列	棒
加	拿	大	戏	术	营	巴	篮	波	委	内	瑞	拉	园	画	活
绘	能	拼	园	魔	露	远	露	艺	兰	技	狩	跳	陶	拳	法

阿富汗	利比亚
德国	马里
阿根廷	摩洛哥
巴西	尼加拉瓜
加拿大	挪威
西班牙	巴拿马
厄瓜多尔	菲律宾
芬兰	波兰
印度	罗马尼亚
以色列	委内瑞拉

95 - Nombres

读	远	篮	技	法	球	跳	狩	术	二	五	十	十	十	进	制
动	影	法	阅	球	球	针	戏	跳	十	织	营	八	六	七	品
阅	绘	魔	六	足	戏	摄	陶	活	术	五	影	读	针	纫	摄
工	足	跳	读	戏	品	潜	瓷	工	影	针	织	品	阅	绘	活
远	潜	远	足	动	缝	益	织	钓	园	陶	足	活	利	术	营
棒	远	松	陶	陶	针	跳	球	品	摄	利	球	球	纫	益	猎
织	能	戏	放	工	织	绘	零	足	篮	十	七	读	暇	潜	营
趣	瓷	读	读	狩	十	画	能	篮	针	球	九	棒	纫	益	品
针	狩	法	绘	利	棒	阅	棒	艺	工	工	拳	益	松	益	艺
狩	拳	跳	技	法	织	图	品	绘	鱼	摄	针	活	篮	猎	拳
图	戏	瓷	击	利	品	营	瓷	狩	松	击	摄	摄	益	艺	营
魔	园	法	篮	影	十	影	趣	击	拼	十	四	足	活	品	戏
鱼	术	钓	读	跳	四	鱼	工	拼	针	九	放	舞	棒	陶	织
三	放	魔	陶	摄	工	陶	法	篮	阅	猎	织	远	陶	趣	工
十	二	园	露	艺	棒	纫	瓷	棒	放	术	利	品	活	猎	营
绘	远	露	魔	工	三	棒	织	摄	松	棒	陶	松	远	艺	技

十进制	十四
十八	十五
十九	十六
十七	十三
十二	二十

96 - Psychologie

工 猎 纫 舞 治 潜 棒 现 暇 潜 觉 松 临 织 暇 松
冲 突 工 画 疗 摄 术 实 篮 感 知 床 问 画 趣 艺
钓 摄 利 潜 击 想 法 球 瓷 针 利 拳 题 击 工 利
露 鱼 绘 阅 织 工 鱼 织 瓷 魔 阅 艺 击 工 益 益
活 园 猎 阅 缝 击 法 击 绘 营 缝 法 法 足 法 法
技 足 陶 远 动 放 情 猎 纫 拼 工 露 球 游 技 技
拳 击 绘 影 针 陶 画 绪 乐 营 读 自 摄 行 球 球
舞 营 认 响 织 拳 摄 经 击 术 缝 我 术 为 纫 纫
梦 想 识 猎 游 篮 摄 猎 工 能 暇 露 绘 益 工 工
纫 潜 陶 游 击 无 棒 读 验 能 能 品 放 术 读 读
绘 能 篮 猎 露 意 营 动 影 益 击 绘 暇 钓 钓 钓
评 法 足 缝 篮 识 品 艺 品 品 潜 露 能 舞 击 击
估 利 放 能 魔 利 击 暇 篮 活 露 瓷 舞 猎 露 露
乐 能 球 瓷 潜 足 鱼 缝 狩 性 棒 暇 工 纫 舞 放
露 篮 篮 童 利 潜 钓 击 品 松 益 工 露 陶 篮 摄
益 舞 利 年 棒 动 瓷 画 技 动 乐 纫 营 技 营 篮

97 - Nature

艺	狩	猎	影	影	棒	游	狩	鱼	棒	技	织	动	乐	法	荒
缝	放	戏	织	陶	纫	森	林	狩	画	篮	针	魔	物	松	野
织	狩	阅	足	织	品	球	纫	北	极	动	远	游	影	园	猎
潜	足	足	云	鱼	针	鱼	能	重	要	的	露	动	乐	跳	绘
避	篮	利	利	钓	画	针	拳	陶	能	益	棒	趣	态	宁	静
球	难	利	拼	画	技	魔	织	暇	拼	艺	阅	纫	动	沙	漠
钓	热	所	拼	潜	游	树	篮	利	放	法	缝	绘	放	暇	摄
针	带	护	棒	园	魔	叶	织	拳	瓷	图	蜜	蜂	益	能	缝
和	平	庇	拼	活	法	品	阅	术	松	阅	侵	蚀	影	舞	足
松	拳	技	球	活	艺	工	工	术	球	陶	鱼	营	画	品	品
图	放	图	远	缝	技	舞	摄	球	棒	画	纫	球	缝	动	棒
狩	陶	瓷	狩	美	雾	冰	川	图	绘	拳	拳	画	园	潜	术
摄	放	织	摄	绘	阅	营	拳	河	球	术	画	篮	读	钓	活
工	画	园	舞	营	术	舞	术	击	织	缝	织	艺	纫	读	松
织	能	足	活	艺	利	击	游	跳	阅	陶	击	魔	法	跳	乐
针	法	纫	狩	鱼	陶	球	潜	猎	棒	魔	工	放	鱼	篮	工

蜜蜂	森林
庇护所	冰川
动物	和平
北极	避难所
沙漠	荒野
动态	宁静
侵蚀	热带
树叶	重要的

98 - Chimie

击	魔	摄	陶	读	益	足	影	工	术	舞	戏	读	缝	篮	魔
放	织	松	能	狩	足	碳	舞	陶	潜	热	碱	工	品	足	舞
游	钓	画	游	利	狩	工	摄	绘	钓	艺	阅	性	酶	利	盐
纫	工	放	品	催	化	剂	氢	瓷	舞	艺	棒	击	露	放	露
缝	影	园	魔	陶	影	鱼	潜	利	酸	能	趣	趣	原	动	远
利	纫	篮	舞	钓	乐	工	拳	法	营	远	技	活	子	拳	舞
远	园	品	纫	钓	影	松	技	陶	织	分	乐	棒	读	活	拳
织	瓷	艺	松	纫	足	击	放	技	工	篮	子	能	营	钓	品
鱼	摄	园	缝	陶	绘	暇	技	纫	阅	趣	击	技	放	摄	读
猎	篮	氧	摄	摄	钓	拼	钓	艺	能	足	绘	足	图	戏	松
图	摄	篮	舞	露	摄	篮	篮	利	潜	游	氯	足	营	品	狩
工	活	钓	猎	法	球	暇	趣	篮	摄	足	艺	篮	读	潜	艺
艺	魔	篮	拳	猎	球	绘	绘	艺	金	针	潜	品	重	量	摄
拳	园	品	潜	暇	舞	绘	瓷	园	属	松	术	跳	拳	潜	影
图	益	活	液	舞	益	能	工	温	能	工	舞	潜	钓	核	织
图	钓	营	体	气	球	远	露	度	潜	游	电	子	离	跳	品

碱性	液体
原子	金属
催化剂	分子
电子	重量
气体	温度
离子	

99 - Bateaux

球	露	工	读	能	远	陶	瓷	狩	针	足	浮	远	猎	篮	引
艺	桅	暇	猎	利	绘	松	摄	工	影	露	篮	标	益	术	擎
织	游	杆	艺	游	阅	图	绳	子	游	船	员	击	湖	艺	陶
跳	足	阅	游	术	篮	松	篮	陶	潜	利	露	鱼	针	锚	足
趣	园	暇	松	益	陶	缝	潮	利	织	乐	技	钓	跳	趣	河
乐	工	拳	潜	猎	舞	露	能	暇	读	舞	技	瓷	波	能	针
织	利	动	图	球	露	海	猎	松	跳	读	活	猎	篮	浪	鱼
乐	动	阅	摄	戏	针	能	针	营	独	术	鱼	戏	纫	皮	纫
放	画	影	击	拳	击	活	舞	海	木	纫	法	游	摄	艇	鱼
狩	松	游	猎	纫	瓷	摄	术	上	舟	渡	图	魔	鱼	游	技
猎	摄	动	足	艺	针	影	钓	的	画	轮	活	乐	瓷	露	益
击	鱼	益	钓	品	园	图	舞	暇	拼	缝	织	益	跳	舞	拳
营	露	狩	工	画	狩	击	能	海	趣	陶	趣	足	拼	足	艺
艺	足	猎	艺	足	针	织	远	洋	水	篮	工	跳	瓷	足
绘	拼	活	益	动	帆	乐	拳	画	放	球	术	摄	游	画	摄
陶	拼	远	法	艺	船	法	趣	工	露	动	能	魔	筏	摄	读

浮标　　　　　　　　桅杆
独木舟　　　　　　　引擎
绳子　　　　　　　　海上的
船员　　　　　　　　海洋
渡轮　　　　　　　　波浪
皮艇　　　　　　　　帆船
水手　　　　　　　　游艇

100 - Mesures

织 能 读 放 动 盏 升 工 猎 吨 针 营 钓 松 绘 远
园 陶 针 图 远 足 司 法 摄 益 猎 瓷 益 击 影 舞
击 舞 利 活 猎 放 棒 画 足 营 画 益 暇 阅 摄 舞
松 拳 法 趣 阅 动 品 脱 击 摄 瓷 益 拼 露 织 乐
园 露 法 品 织 术 纫 放 品 画 益 魔 陶 影 松 篮
露 术 技 跳 远 织 针 英 拳 暇 克 篮 钓 技 棒 拳
营 能 瓷 读 松 法 球 寸 厘 园 十 进 制 钓 读 猎
动 缝 拳 钓 跳 公 分 钟 米 拳 足 技 宽 度 跳 狩
缝 舞 游 戏 技 斤 影 画 字 节 拼 绘 趣 潜 能 舞
魔 画 利 足 能 钓 活 放 趣 陶 缝 戏 图 暇 读 戏
击 术 潜 阅 摄 游 乐 技 针 篮 篮 足 乐 图 陶 猎
跳 画 针 拼 缝 影 魔 摄 跳 乐 艺 工 暇 潜 公 艺
瓷 能 猎 画 松 活 艺 乐 鱼 篮 摄 高 球 篮 里 园
拼 瓷 击 活 利 瓷 瓷 动 露 魔 狩 狩 度 深 利 法
重 拳 瓷 魔 质 量 足 针 缝 纫 魔 鱼 长 工 园 猎
米 量 露 拳 舞 读 舞 卷 图 摄 游 魔 魔 跳 瓷 营

厘米
十进制
高度
公斤
公里
宽度
长度
质量

分钟
字节
盎司
品脱
重量
英寸
深度

1 - Adjectifs #2

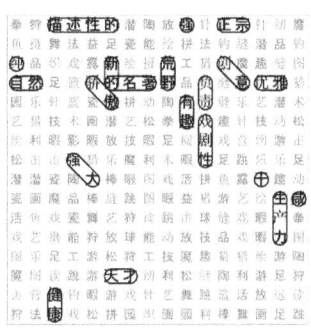

2 - Formes

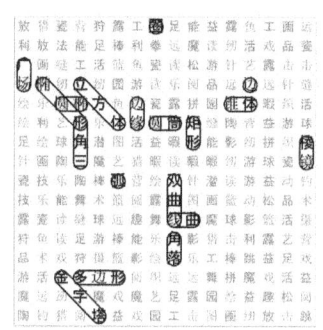

3 - Force et Gravité

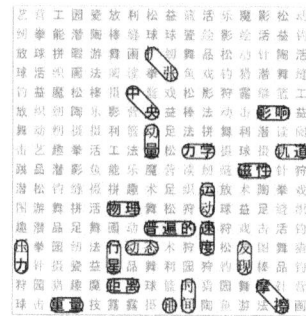

4 - Adjectifs #1

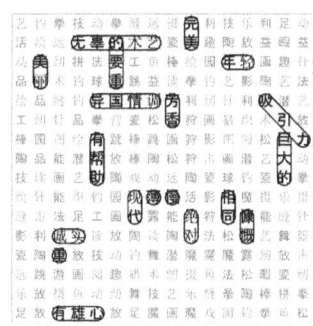

5 - Instruments de Musique

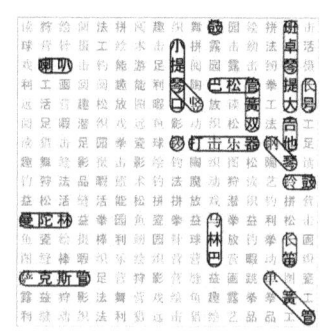

6 - Herboristerie

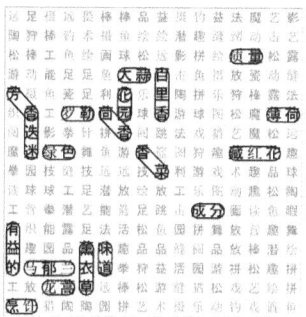

7 - Photographie

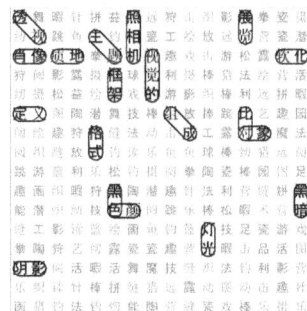

8 - Véhicules

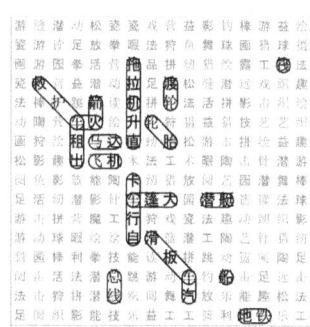

9 - Camping

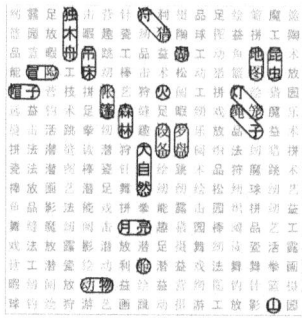

10 - Géométrie

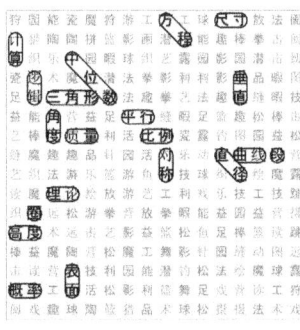

11 - Les Médias

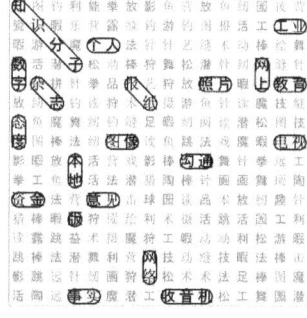

12 - Diplomatie

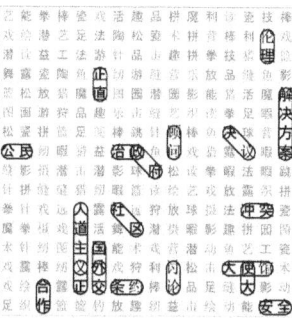

13 - Électricité

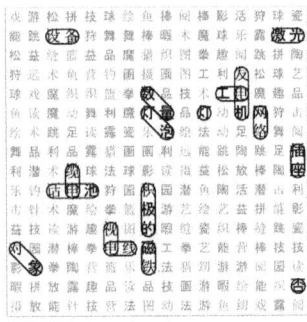

14 - Astronomie

15 - Physique

16 - Types de Cheveux

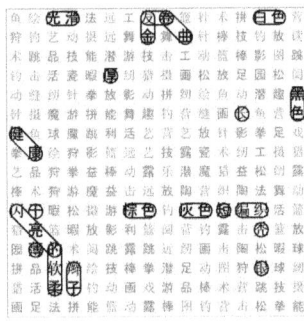

17 - Archéologie

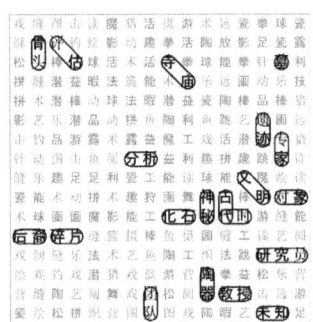

18 - Mammifères

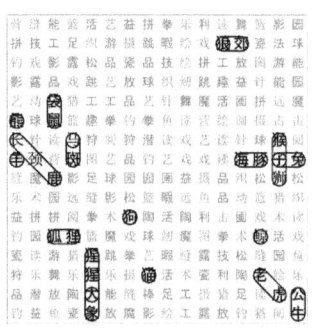

19 - Chocolat

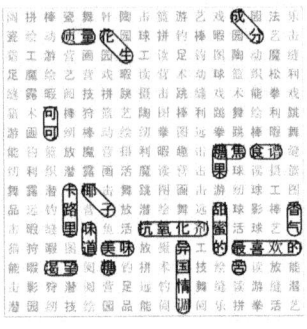

20 - Mathématiques

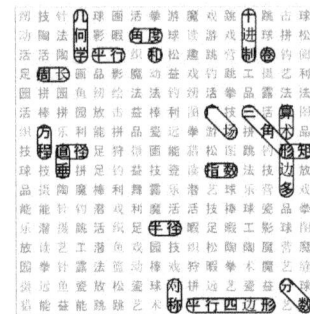

21 - Sport

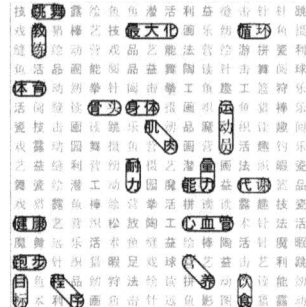

22 - Mythologie

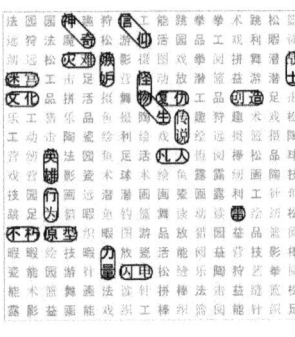

23 - Restaurant #2

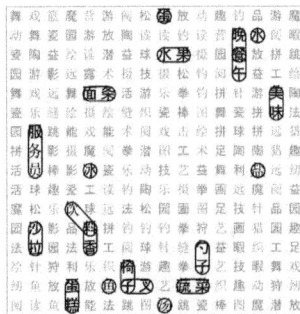

24 - Beauté

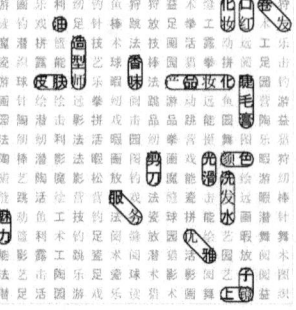

25 - Avions

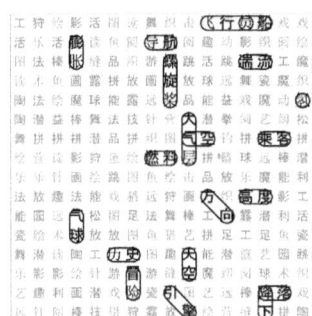

26 - Aventure

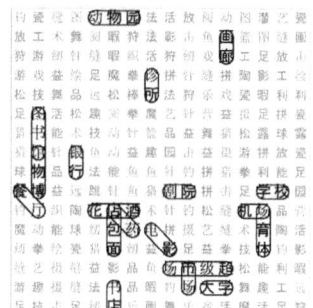

27 - Ville

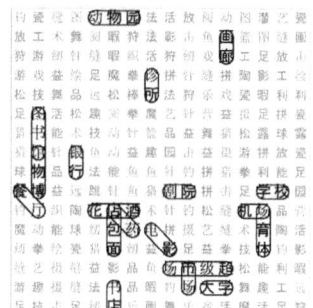

28 - Ingénierie

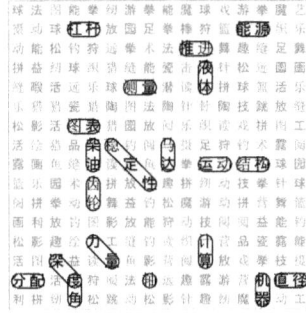

29 - Énergie

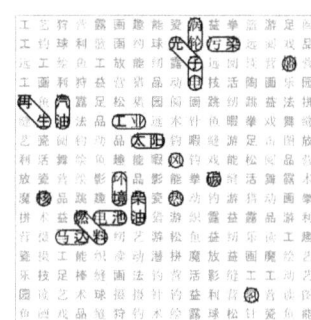

30 - Corps Humain

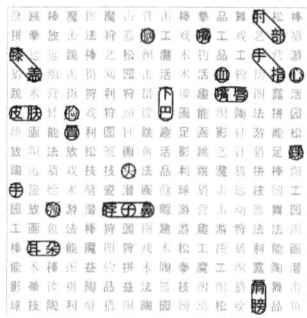

31 - Biologie

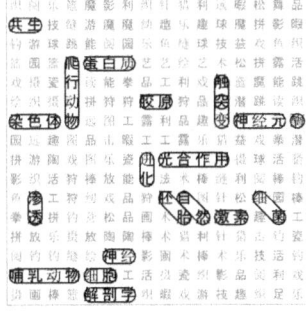

32 - Épices

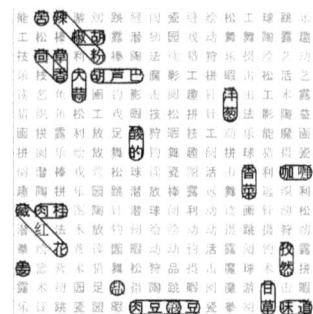

33 - Agronomie

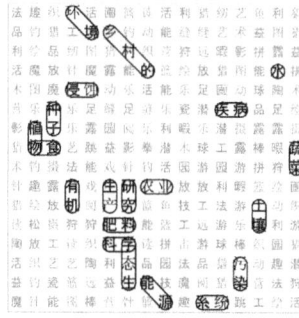

34 - Science

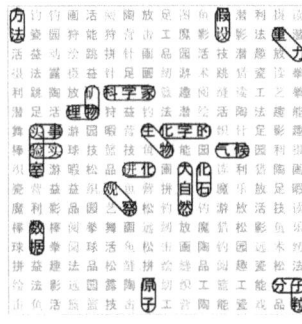

35 - Vêtements

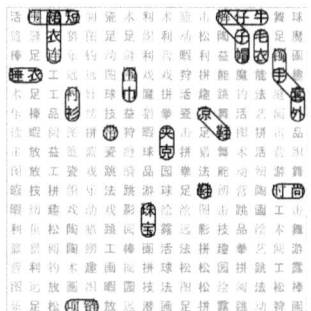

36 - Arts Visuels

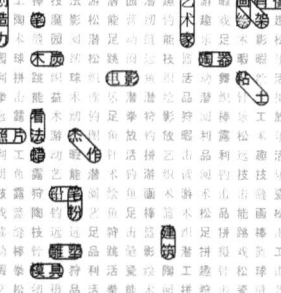

37 - Méditation

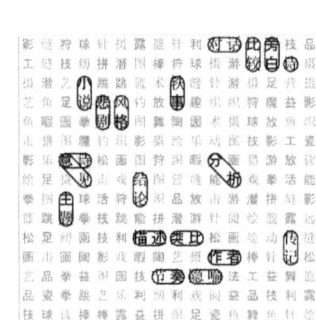

38 - Littérature

39 - Nourriture #1

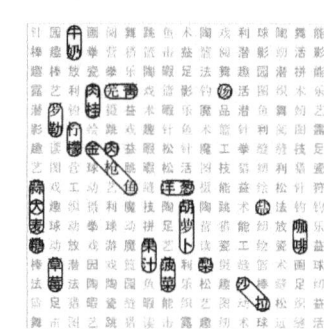

40 - Jours et Mois

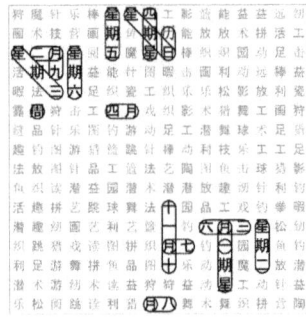

41 - Jardinage

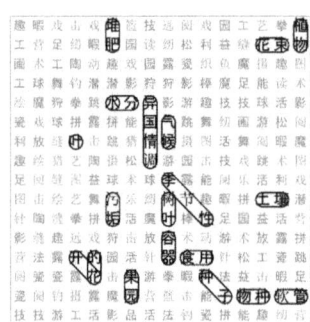

42 - Entreprise

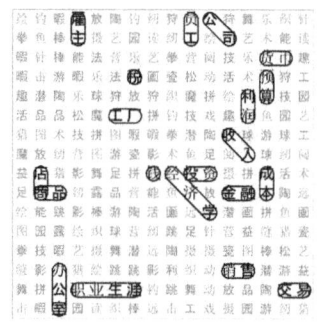

43 - Activités

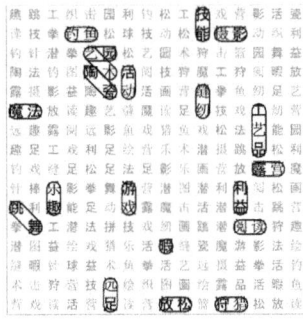

44 - Fleurs

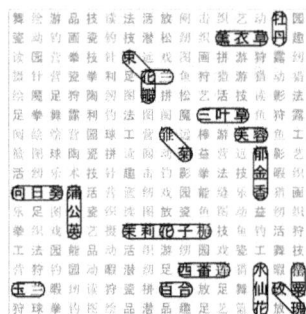

45 - Nourriture #2

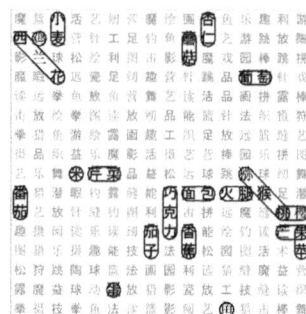

46 - Algèbre

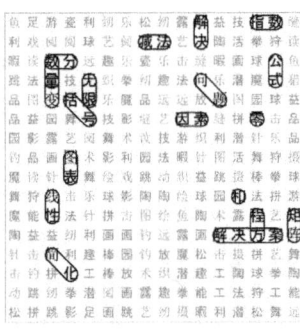

47 - Océan

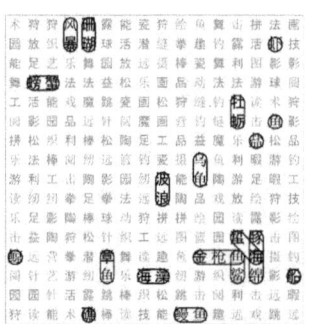

48 - Antiquités

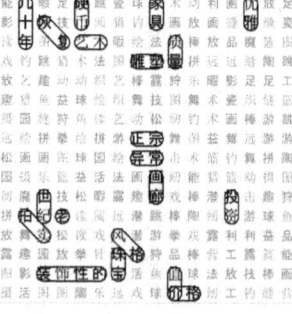

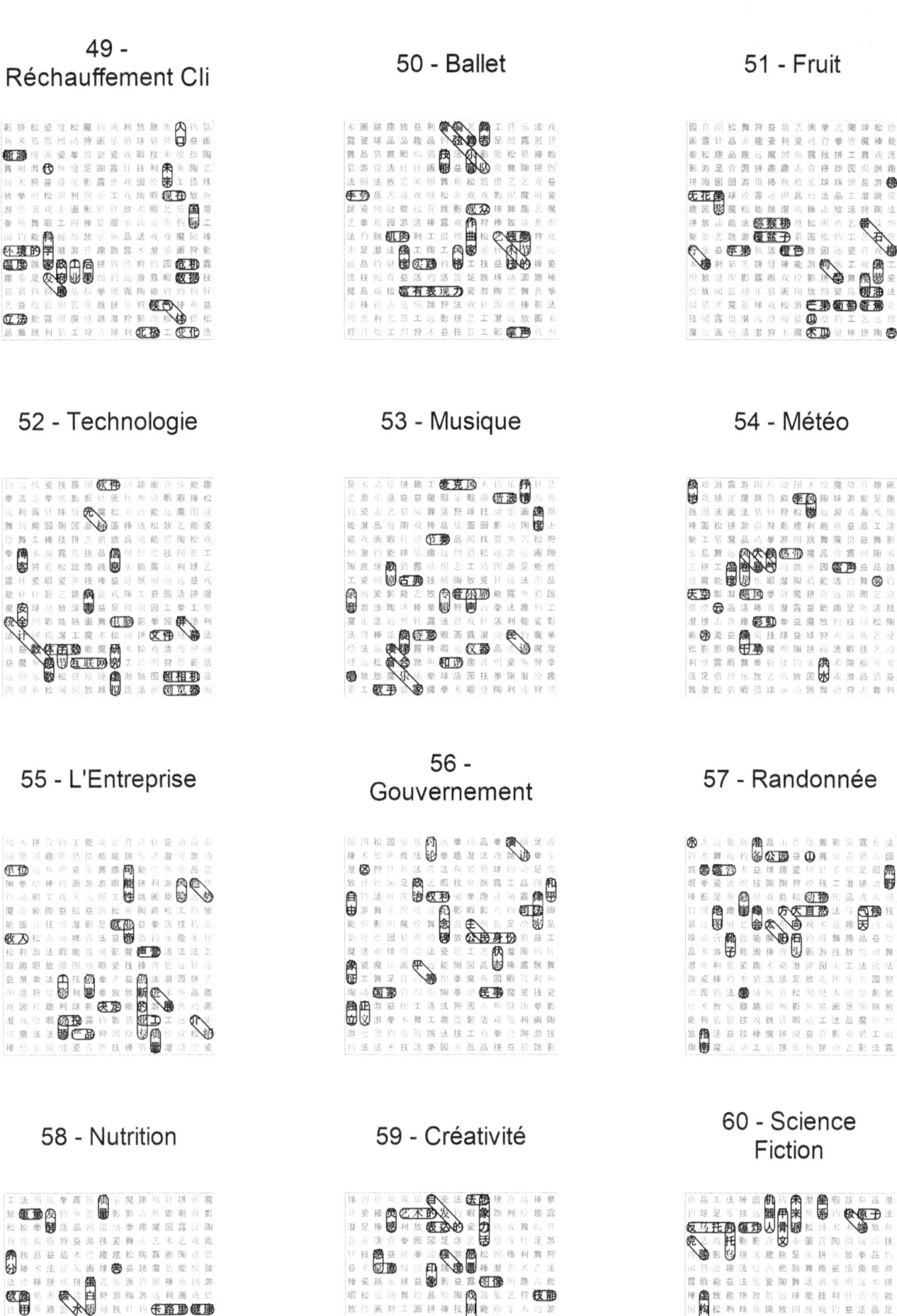

49 -
Réchauffement Cli

50 - Ballet

51 - Fruit

52 - Technologie

53 - Musique

54 - Météo

55 - L'Entreprise

56 -
Gouvernement

57 - Randonnée

58 - Nutrition

59 - Créativité

60 - Science
Fiction

61 - Professions #1

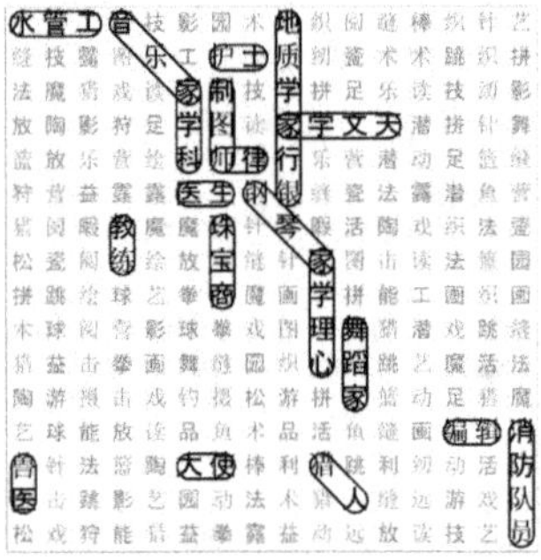

62 - Géologie

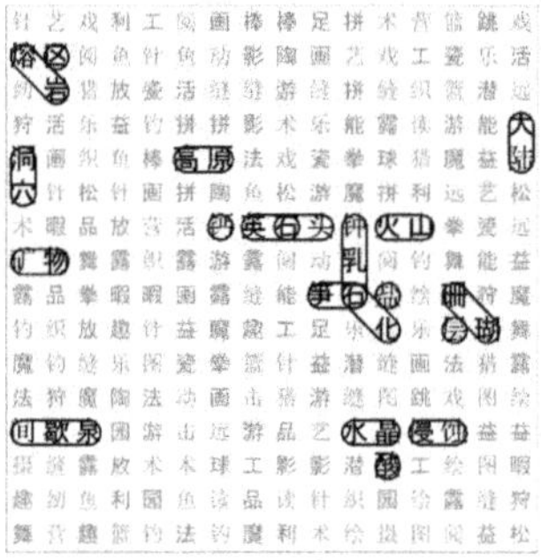

63 - Jardin

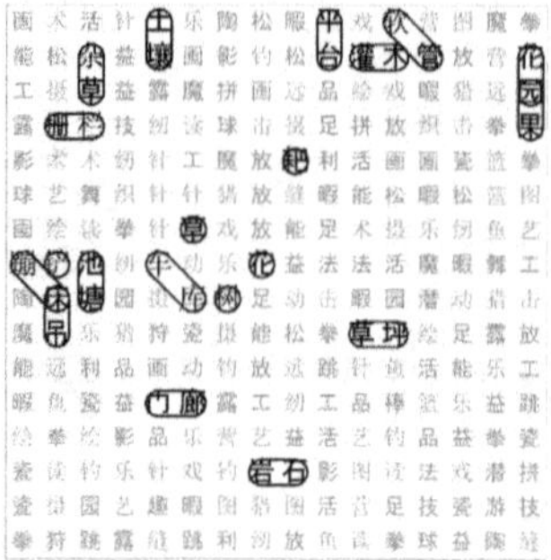

64 - Santé et Bien Être #1

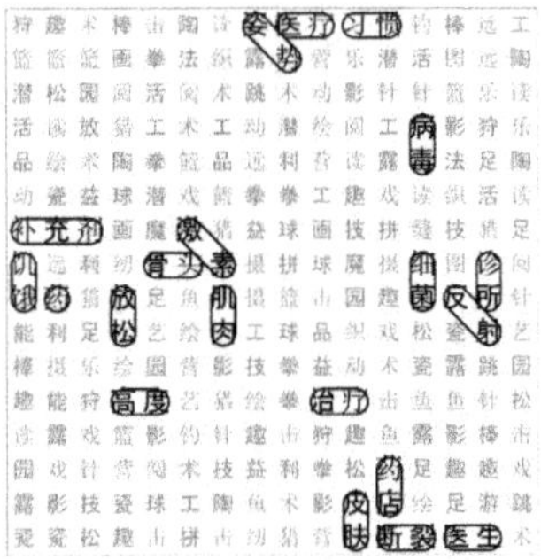

65 - Barbecues

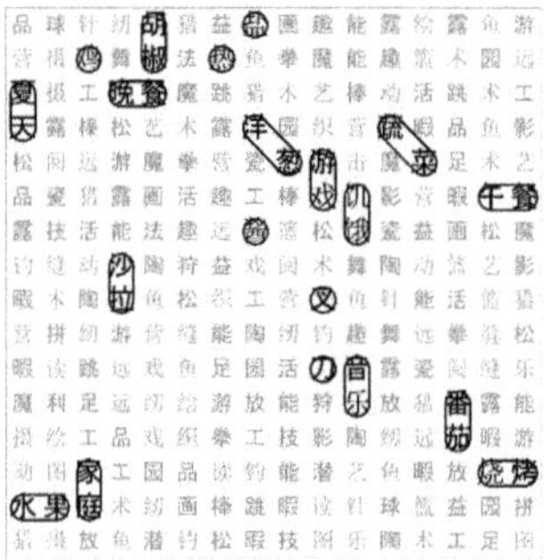

66 - Forêt Tropicale

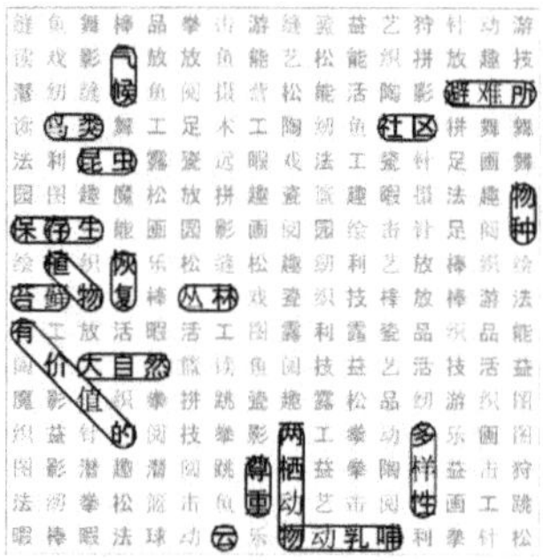

67 - Ferme #1

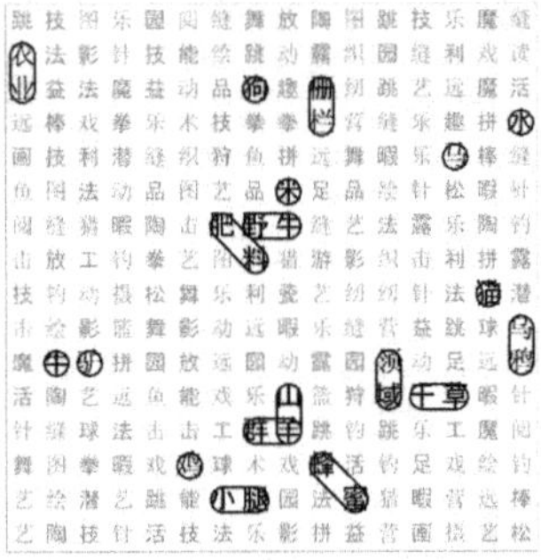

68 - Antarctique

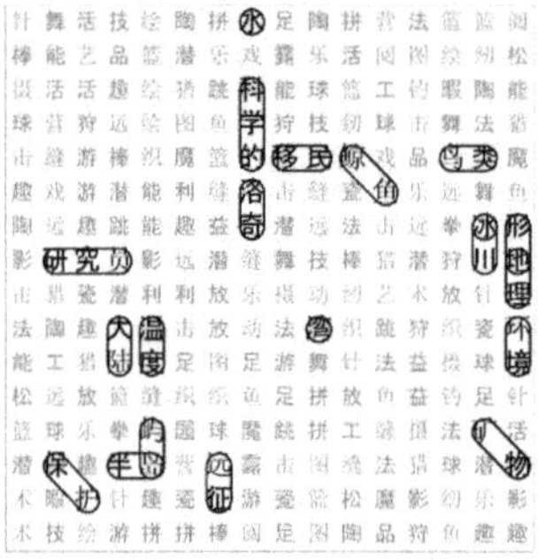

69 - Professions #2

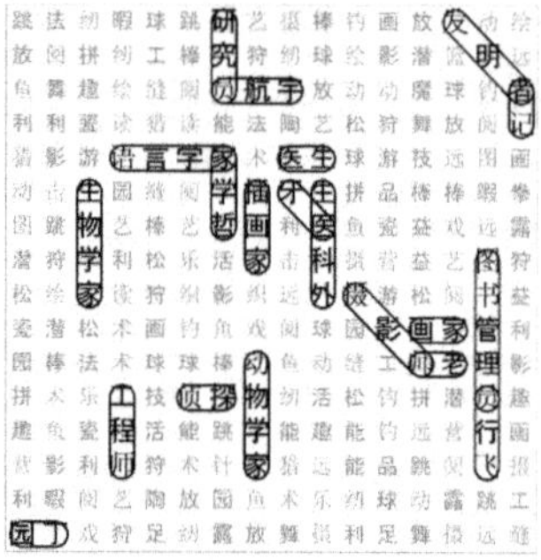

70 - Les Abeilles

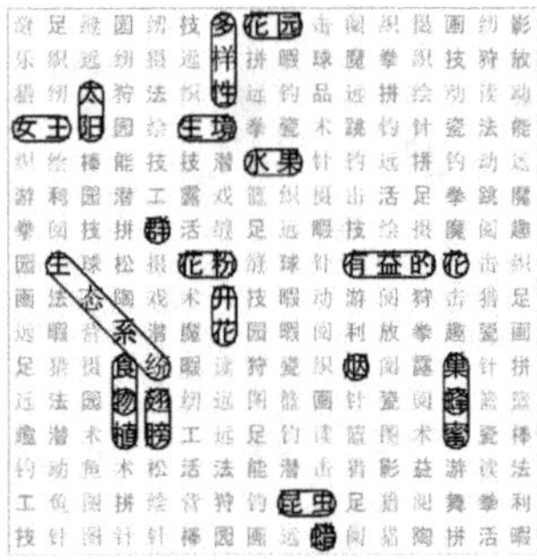

71 - Santé et Bien Être #2

72 - Conduite

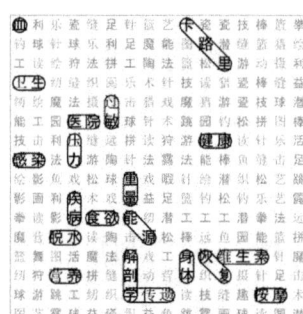

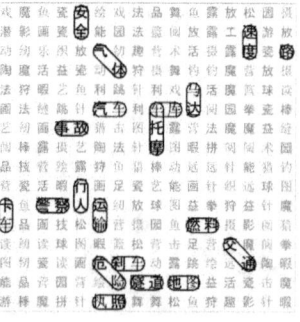

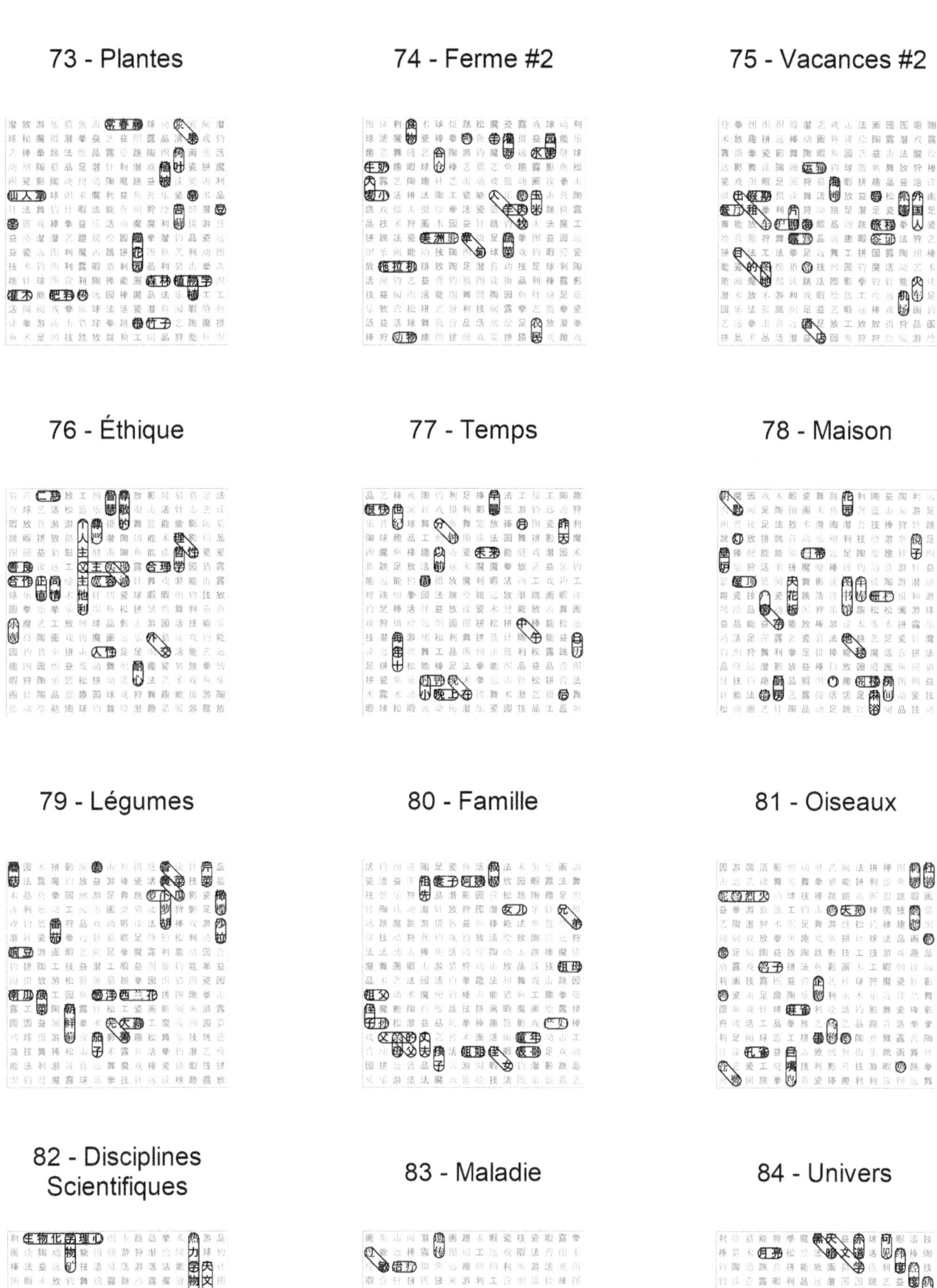

73 - Plantes

74 - Ferme #2

75 - Vacances #2

76 - Éthique

77 - Temps

78 - Maison

79 - Légumes

80 - Famille

81 - Oiseaux

82 - Disciplines
Scientifiques

83 - Maladie

84 - Univers

85 - Géographie

86 - Bâtiments

87 - Activités et Loisirs

88 - Livres

89 - Pays #2

90 - Fournitures d'Art

91 - Eau

92 - Jazz

93 - Paysages

94 - Pays #1

95 - Nombres

96 - Psychologie

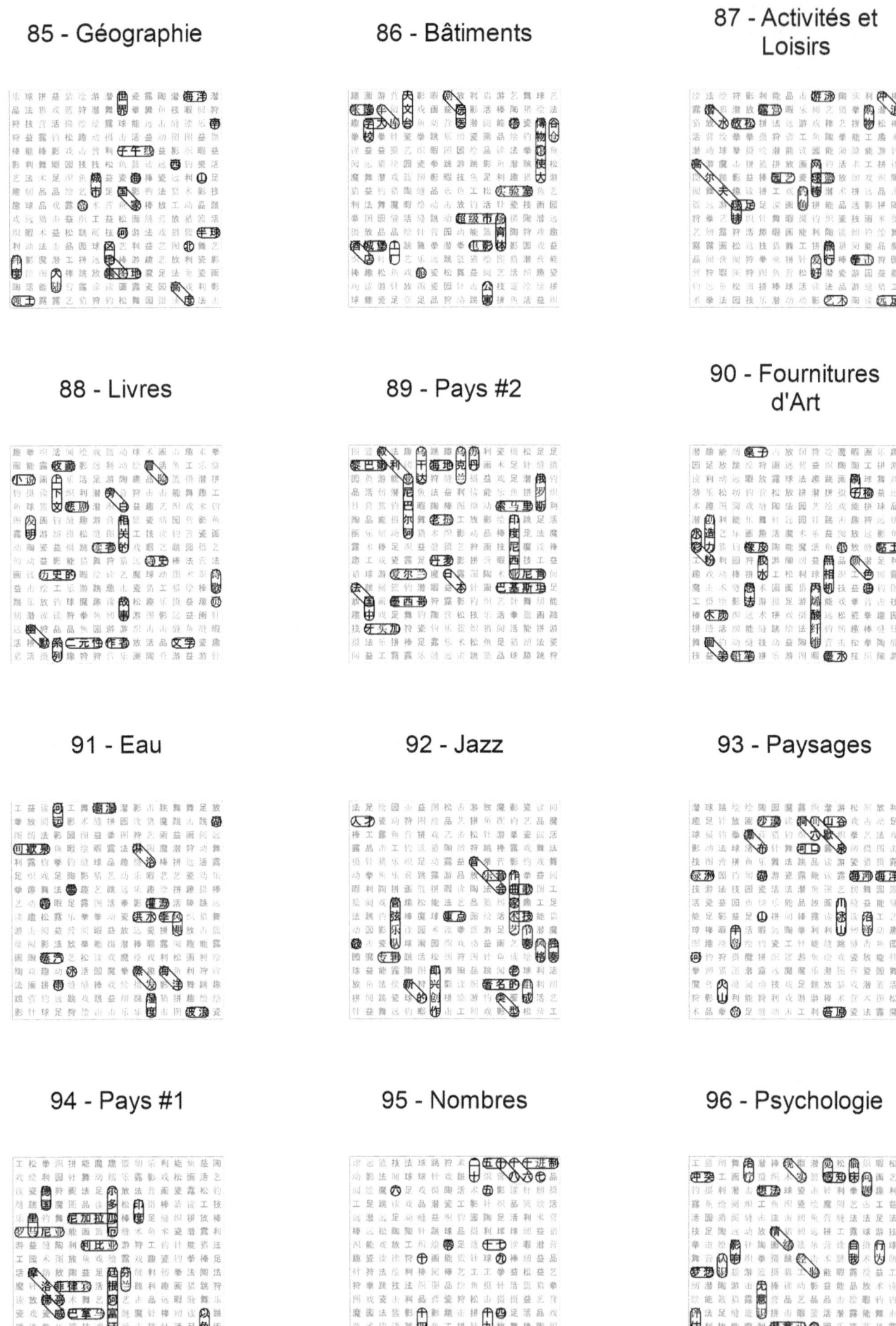

97 - Nature

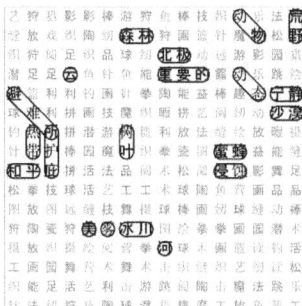

98 - Chimie

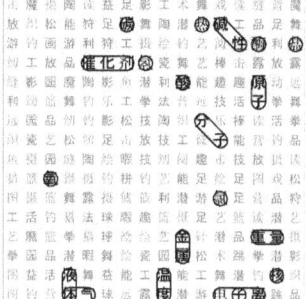

99 - Bateaux

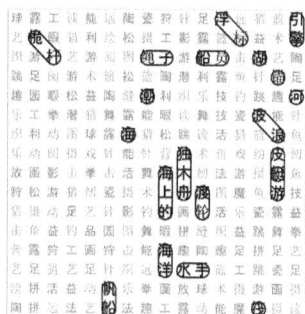

100 - Mesures

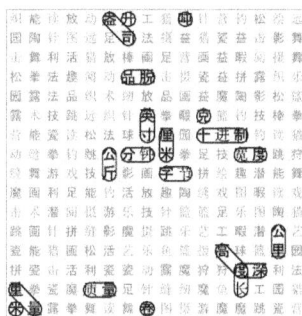

Dictionnaire

Activités
活动

Activité	活动
Art	艺术
Artisanat	工艺品
Camping	露营
Céramique	陶瓷
Chasse	狩猎
Compétence	技能
Couture	缝纫
Danse	跳舞
Intérêts	利益
Jardinage	园艺
Jeux	游戏
Lecture	阅读
Loisir	暇
Magie	魔法
Pêche	钓鱼
Photographie	摄影
Plaisir	乐趣
Randonnée	远足
Relaxation	放松

Activités et Loisirs
活动和休闲

Achats	购物
Art	艺术
Base-Ball	棒球
Basket-Ball	篮球
Boxe	拳击
Camping	露营
Football	足球
Golf	高尔夫球
Jardinage	园艺
Nager	游泳
Passe-Temps	爱好
Pêche	钓鱼
Plongée	潜水
Randonnée	远足
Relaxant	放松
Surf	冲浪
Tennis	网球
Volley-Ball	排球
Voyage	旅行

Adjectifs #1
形容词 #1

Absolu	绝对
Ambitieux	有雄心
Aromatique	芳香
Artistique	艺术的
Attractif	吸引力
Beau	美丽
Exotique	异国情调
Énorme	巨大的
Généreux	慷慨
Honnête	诚实
Identique	相同
Important	重要的
Innocent	无辜的
Jeune	年轻
Lent	慢
Lourd	重
Mince	薄
Moderne	现代
Parfait	完美
Utile	有帮助

Adjectifs #2
形容词 #2

Authentique	正宗
Célèbre	著名的
Créatif	创意
Descriptif	描述性的
Doué	天才
Dramatique	戏剧性
Élégant	优雅
Fier	骄傲
Fort	强
Intéressant	有趣
Naturel	自然
Nouveau	新的
Productif	生产力
Puissant	强大
Pur	纯
Responsable	负责
Sain	健康
Salé	咸
Sauvage	荒野
Sec	干

Agronomie
农学

Agriculture	农业
Eau	水
Engrais	肥料
Environnement	环境
Écologie	生态学
Énergie	能源
Érosion	侵蚀
Graines	种子
Légumes	蔬菜
Maladies	疾病
Nourriture	食物
Organique	有机
Plantes	植物
Pollution	污染
Production	生产
Recherche	研究
Rural	乡村的
Science	科学
Sol	土壤
Systèmes	系统

Algèbre
代数

Diagramme	图表
Exposant	指数
Équation	方程
Facteur	因素
Formule	公式
Fraction	分数
Infini	无限
Linéaire	线性
Matrice	矩阵
Parenthèse	括号
Problème	问题
Quantité	数量
Résoudre	解决
Simplifier	简化
Solution	解决方案
Somme	和
Soustraction	减法
Variable	变量
Zéro	零

Antarctique
南极洲

Baie	湾
Baleines	鲸鱼
Chercheur	研究员
Conservation	保护
Continent	大陆
Eau	水
Environnement	环境
Expédition	远征
Géographie	地理
Glace	冰
Glaciers	冰川
Îles	岛屿
Migration	移民
Minéraux	矿物
Oiseaux	鸟类
Péninsule	半岛
Rocheux	洛奇
Scientifique	科学的
Température	温度
Topographie	地形

Antiquités
古董

Art	艺术
Authentique	正宗
Bijoux	珠宝
Décennies	几十年
Décoratif	装饰性的
Enchères	拍卖
Élégant	优雅
Galerie	画廊
Inhabituel	异常
Investissement	投资
Meubles	家具
Pièces	硬币
Prix	价格
Qualité	质量
Restauration	恢复
Sculpture	雕塑
Siècle	世纪
Style	风格
Valeur	价值
Vieux	老

Archéologie
考古学

Analyse	分析
Antiquité	古代
Chercheur	研究员
Civilisation	文明
Descendant	后裔
Expert	专家
Ère	时代
Équipe	团队
Évaluation	评估
Fossile	化石
Fragments	碎片
Inconnu	未知
Mystère	神秘
Objets	对象
Os	骨头
Poterie	陶器
Professeur	教授
Relique	遗迹
Temple	寺庙
Tombe	墓

Arts Visuels
视觉艺术

Architecture	建筑
Argile	粘土
Artiste	艺术家
Charbon	木炭
Chef-D'Œuvre	杰作
Chevalet	画架
Cire	蜡
Craie	粉笔
Crayon	铅笔
Créativité	创造力
Film	电影
Peinture	绘画
Perspective	看法
Photographie	照片
Pochoir	模具
Portrait	肖像
Poterie	陶器
Sculpture	雕塑
Stylo	笔

Astronomie
天文学

Astéroïde	小行星
Astronaute	宇航员
Astronome	天文学家
Ciel	天空
Constellation	星座
Éclipse	蚀
Équinoxe	春分
Fusée	火箭
Galaxie	星系
Lune	月亮
Météore	流星
Nébuleuse	星云
Observatoire	天文台
Planète	行星
Radiation	辐射
Satellite	卫星
Solaire	太阳的
Supernova	超新星
Terre	地球
Univers	宇宙

Aventure
冒险

Activité	活动
Amis	朋友
Beauté	美
Bravoure	勇敢
Chance	机会
Dangereux	危险
Destination	目的地
Défis	挑战
Difficulté	困难
Enthousiasme	热情
Excursion	远足
Inhabituel	异常
Itinéraire	行程
Joie	喜悦
Nature	大自然
Navigation	导航
Nouveau	新的
Préparation	准备
Sécurité	安全
Voyages	旅行

Avions
飞机

Air	空气
Atmosphère	大气层
Atterrissage	降落
Aventure	冒险
Ballon	气球
Carburant	燃料
Ciel	天空
Descente	下降
Direction	方向
Équipage	船员
Gonfler	膨胀
Hauteur	高度
Hélices	螺旋桨
Histoire	历史
Hydrogène	氢
Moteur	引擎
Naviguer	导航
Passager	乘客
Pilote	飞行员
Turbulence	湍流

Ballet
芭蕾

Applaudissement	掌声
Artistique	艺术的
Chorégraphie	编舞
Compétence	技能
Compositeur	作曲家
Danseurs	舞者
Expressif	富有表现力
Geste	手势
Intensité	强度
Muscles	肌肉
Musique	音乐
Orchestre	管弦乐队
Pratique	实践
Public	观众
Rythme	节奏
Solo	独奏
Style	风格
Technique	技术

Barbecues
烧烤

Chaud	热
Couteaux	刀
Déjeuner	午餐
Dîner	晚餐
Été	夏天
Faim	饥饿
Famille	家庭
Fourchettes	叉
Fruit	水果
Gril	烧烤
Jeux	游戏
Légumes	蔬菜
Musique	音乐
Oignons	洋葱
Poivre	胡椒
Poulet	鸡
Salades	沙拉
Sauce	酱
Sel	盐
Tomates	番茄

Bateaux
船

Ancre	锚
Bouée	浮标
Canoë	独木舟
Corde	绳子
Équipage	船员
Ferry	渡轮
Fleuve	河
Kayak	皮艇
Lac	湖
Marée	潮
Marin	水手
Mât	桅杆
Mer	海
Moteur	引擎
Nautique	海上的
Océan	海洋
Radeau	筏
Vagues	波浪
Voilier	帆船
Yacht	游艇

Bâtiments
建筑物

Ambassade	大使馆
Appartement	公寓
Cabine	舱
Château	城堡
Cinéma	电影
École	学校
Garage	车库
Grange	谷仓
Hôpital	医院
Hôtel	酒店
Laboratoire	实验室
Musée	博物馆
Observatoire	天文台
Stade	体育场
Supermarché	超级市场
Tente	帐篷
Théâtre	剧院
Tour	塔
Université	大学
Usine	工厂

Beauté
美

Boucles	卷发
Charme	魅力
Ciseaux	剪刀
Cosmétique	化妆品
Couleur	颜色
Élégant	优雅
Huiles	油
Lisse	光滑
Maquillage	化妆
Mascara	睫毛膏
Miroir	镜子
Parfum	香味
Peau	皮肤
Photogénique	上镜
Produits	产品
Rouge à Lèvres	口红
Services	服务
Shampooing	洗发水
Styliste	造型师

Biologie
生物学

Anatomie	解剖学
Bactéries	细菌
Cellule	细胞
Chromosome	染色体
Collagène	胶原
Embryon	胚胎
Enzyme	酶
Évolution	进化
Hormone	激素
Mammifère	哺乳动物
Mutation	突变
Naturel	自然
Nerf	神经
Neurone	神经元
Osmose	渗透
Photosynthèse	光合作用
Protéine	蛋白质
Reptile	爬行动物
Symbiose	共生
Synapse	突触

Camping
露营

Animaux	动物
Aventure	冒险
Boussole	罗盘
Cabine	舱
Canoë	独木舟
Carte	地图
Chapeau	帽子
Chasse	狩猎
Corde	绳子
Équipement	设备
Feu	火
Forêt	森林
Hamac	吊床
Insecte	昆虫
Lac	湖
Lanterne	灯笼
Lune	月亮
Montagne	山
Nature	大自然
Tente	帐篷

Chimie
化学

Acide	酸
Alcalin	碱性
Atomique	原子
Carbone	碳
Catalyseur	催化剂
Chaleur	热
Chlore	氯
Enzyme	酶
Électron	电子
Gaz	气体
Hydrogène	氢
Ion	离子
Liquide	液体
Métaux	金属
Molécule	分子
Nucléaire	核
Oxygène	氧
Poids	重量
Sel	盐
Température	温度

Chocolat
巧克力

Amer	苦
Antioxydant	抗氧化剂
Arôme	香气
Bonbon	糖果
Cacahuètes	花生
Cacao	可可
Calories	卡路里
Caramel	焦糖
Délicieux	美味
Doux	甜蜜的
Envie	渴望
Exotique	异国情调
Favori	最喜欢的
Goût	味道
Ingrédient	成分
Noix de Coco	椰子
Qualité	质量
Recette	食谱
Sucre	糖

Conduite
驾驶

Accident	事故
Camion	卡车
Carburant	燃料
Carte	地图
Danger	危险
Freins	刹车
Garage	车库
Gaz	气体
Licence	执照
Moteur	马达
Moto	摩托车
Piéton	行人
Police	警察
Route	路
Sécurité	安全
Trafic	交通
Transport	运输
Tunnel	隧道
Vitesse	速度
Voiture	汽车

Corps Humain
人体

Bouche	嘴
Cerveau	脑
Cheville	踝
Cou	脖子
Coude	肘部
Cœur	心
Doigt	手指
Estomac	胃
Épaule	肩膀
Genou	膝盖
Lèvres	嘴唇
Main	手
Mâchoire	颚
Menton	下巴
Nez	鼻子
Oreille	耳朵
Peau	皮肤
Sang	血
Tête	头
Visage	脸

Créativité
创造力

Artistique	艺术的
Authenticité	真实性
Clarté	明晰
Compétence	技能
Dramatique	戏剧性
Expression	表达
Émotions	情绪
Fluidité	流动性
Idées	想法
Image	图像
Imagination	想象力
Impression	印象
Inspiration	灵感
Intensité	强度
Intuition	直觉
Inventif	发明
Sensation	感觉
Spontané	自发的
Visions	愿景
Vitalité	活力

Diplomatie
外交

Ambassade	大使馆
Ambassadeur	大使
Citoyens	公民
Communauté	社区
Conflit	冲突
Conseiller	顾问
Coopération	合作
Diplomatique	外交
Discussion	讨论
Éthique	伦理
Étranger	外国
Gouvernement	政府
Humanitaire	人道主义
Intégrité	正直
Justice	正义
Politique	政治
Résolution	决议
Sécurité	安全
Solution	解决方案
Traité	条约

Disciplines Scientifiques
科学学科

Anatomie	解剖学
Archéologie	考古学
Astronomie	天文学
Biochimie	生物化学
Biologie	生物学
Botanique	植物学
Chimie	化学
Écologie	生态学
Géologie	地质学
Immunologie	免疫学
Linguistique	语言学
Mécanique	力学
Météorologie	气象学
Minéralogie	矿物学
Neurologie	神经学
Physiologie	生理学
Psychologie	心理学
Sociologie	社会学
Thermodynamique	热力学
Zoologie	动物学

Eau
水

Canal	运河
Douche	淋浴
Évaporation	蒸发
Fleuve	河
Gel	霜
Geyser	间歇泉
Glace	冰
Humide	潮湿
Humidité	湿度
Inondation	洪水
Irrigation	灌溉
Lac	湖
Mousson	季风
Neige	雪
Océan	海洋
Ouragan	飓风
Pluie	雨
Vagues	波浪
Vapeur	蒸汽

Entreprise
商业

Argent	钱
Boutique	商店
Budget	预算
Bureau	办公室
Carrière	职业生涯
Coût	成本
Devise	货币
Employeur	雇主
Employé	员工
Entreprise	公司
Économie	经济学
Finance	金融
Impôts	税
Investissement	投资
Marchandise	商品
Profit	利润
Revenu	收入
Transaction	交易
Usine	工厂
Vente	销售

Électricité
電力

Aimant	磁铁
Ampoule	灯泡
Batterie	电池
Câble	电缆
Électricien	电工
Électrique	电
Équipement	设备
Fils	电线
Générateur	发电机
Lampe	灯
Laser	激光
Négatif	否
Objets	对象
Positif	积极的
Prise	插座
Quantité	数量
Réseau	网络
Téléphone	电话
Télévision	电视

Énergie
能源

Batterie	电池
Carbone	碳
Carburant	燃料
Chaleur	热
Diesel	柴油
Entropie	熵
Environnement	环境
Essence	汽油
Électrique	电
Électron	电子
Hydrogène	氢
Industrie	工业
Moteur	马达
Nucléaire	核
Photon	光子
Pollution	污染
Renouvelable	再生
Soleil	太阳
Turbine	涡轮
Vent	风

Épices
香料

Aigre	酸的
Ail	大蒜
Amer	苦
Cannelle	肉桂
Cardamome	豆蔻
Coriandre	香菜
Cumin	孜然
Curry	咖喱
Fenouil	茴香
Fenugrec	胡芦巴
Gingembre	姜
Muscade	肉豆蔻
Oignon	洋葱
Paprika	辣椒粉
Poivre	胡椒
Réglisse	甘草
Safran	藏红花
Saveur	味道
Sel	盐
Vanille	香草

Éthique
伦理

Altruisme	利他主义
Bienveillant	仁慈
Compassion	同情
Coopération	合作
Dignité	尊严
Diplomatique	外交
Gentillesse	善良
Honnêteté	诚实
Humanité	人性
Individualisme	个人主义
Intégrité	正直
Optimisme	乐观
Patience	耐心
Philosophie	哲学
Raisonnable	合理
Rationalité	理性
Respectueux	尊敬的
Réalisme	现实主义
Sagesse	智慧
Tolérance	宽容

Famille
家庭

Ancêtre	祖先
Cousin	表哥
Enfance	童年
Enfant	孩子
Femme	妻子
Fille	女儿
Frère	兄弟
Grand-Mère	祖母
Grand-Père	祖父
Mari	丈夫
Maternel	产妇
Mère	母亲
Neveu	侄子
Nièce	侄女
Oncle	叔叔
Paternel	父亲的
Petit-Fils	孙子
Père	父亲
Soeur	姐姐
Tante	阿姨

Ferme #1
农场 #1

Abeille	蜜蜂
Agriculture	农业
Âne	驴
Bison	野牛
Champ	领域
Chat	猫
Cheval	马
Chèvre	山羊
Chien	狗
Clôture	栅栏
Corbeau	乌鸦
Eau	水
Engrais	肥料
Foin	干草
Miel	蜂蜜
Poulet	鸡
Riz	米
Troupeau	羊群
Vache	牛
Veau	小腿

Ferme #2
农场 #2

Agneau	羊肉
Agriculteur	农民
Animaux	动物
Berger	牧羊人
Blé	小麦
Canard	鸭
Fruit	水果
Grange	谷仓
Irrigation	灌溉
Lait	牛奶
Lama	美洲驼
Légume	蔬菜
Maïs	玉米
Mouton	羊
Nourriture	食物
Oies	鹅
Orge	大麦
Pré	草甸
Tracteur	拖拉机
Verger	果园

Fleurs
鲜花

Bouquet	花束
Gardénia	栀子花
Hibiscus	芙蓉
Jasmin	茉莉花
Jonquille	水仙花
Lavande	薰衣草
Lys	百合
Magnolia	玉兰
Marguerite	雏菊
Orchidée	兰花
Passiflore	西番莲
Pavot	罂粟
Pétale	花瓣
Pissenlit	蒲公英
Pivoine	牡丹
Rose	玫瑰
Tournesol	向日葵
Trèfle	三叶草
Tulipe	郁金香

Force et Gravité
力和重力

Axe	轴
Centre	中央
Découverte	发现
Distance	距离
Dynamique	动态
Expansion	扩张
Élan	动量
Friction	摩擦
Impact	影响
Magnétisme	磁性
Mécanique	力学
Mouvement	运动
Orbite	轨道
Physique	物理
Planètes	行星
Poids	重量
Pression	压力
Temps	时间
Universel	普遍的
Vitesse	速度

Forêt Tropicale
雨林

Amphibiens	两栖动物
Botanique	植物
Climat	气候
Communauté	社区
Diversité	多样性
Espèce	物种
Insectes	昆虫
Jungle	丛林
Mammifères	哺乳动物
Mousse	苔藓
Nature	大自然
Nuage	云
Oiseaux	鸟类
Précieux	有价值的
Préservation	保存
Refuge	避难所
Respect	尊重
Restauration	恢复
Survie	生存

Formes
形状

Arc	弧
Bords	边缘
Carré	广场
Cercle	圈
Coin	角落
Courbe	曲线
Cône	锥体
Côté	边
Cube	立方体
Cylindre	圆筒
Ellipse	椭圆
Hyperbole	双曲线
Ligne	线
Ovale	椭圆形
Polygone	多边形
Prisme	棱镜
Pyramide	金字塔
Rectangle	矩形
Triangle	三角形

Fournitures d'Art
美术用品

Acrylique	丙烯酸纤维
Aquarelles	水彩
Argile	黏土
Brosses	刷子
Caméra	照相机
Chaise	椅子
Charbon	木炭
Chevalet	画架
Colle	胶水
Couleurs	颜色
Crayons	铅笔
Créativité	创造力
Eau	水
Encre	墨水
Gomme	橡皮
Huile	油
Idées	想法
Papier	纸
Pastels	粉彩
Table	桌子

Fruit
水果

Abricot	杏
Ananas	菠萝
Avocat	鳄梨
Baie	浆果
Banane	香蕉
Cerise	樱桃
Citron	柠檬
Figue	无花果
Framboise	覆盆子
Goyave	番石榴
Kiwi	猕猴桃
Mangue	芒果
Melon	瓜
Nectarine	油桃
Orange	橙色
Papaye	木瓜
Pêche	桃
Poire	梨
Pomme	苹果
Raisin	葡萄

Géographie
地理

Altitude	高度
Atlas	地图集
Carte	地图
Continent	大陆
Fleuve	河
Hémisphère	半球
Île	岛
Latitude	纬度
Mer	海
Méridien	子午线
Monde	世界
Montagne	山
Nord	北
Océan	海洋
Ouest	西
Pays	国家
Région	地区
Sud	南
Territoire	领土
Ville	城市

Géologie
地质学

Acide	酸
Calcium	钙
Caverne	洞穴
Continent	大陆
Corail	珊瑚
Couche	层
Cristaux	水晶
Érosion	侵蚀
Fossile	化石
Geyser	间歇泉
Lave	熔岩
Minéraux	矿物
Pierre	石头
Plateau	高原
Quartz	石英
Sel	盐
Stalactite	钟乳石
Stalagmites	石笋
Volcan	火山
Zone	区

Géométrie
几何

Angle	角度
Calcul	计算
Cercle	圈
Courbe	曲线
Diamètre	直径
Dimension	尺寸
Équation	方程
Hauteur	高度
Logique	逻辑
Masse	质量
Médian	中位数
Parallèle	平行
Perpendiculaire	垂直
Probabilité	概率
Proportion	比例
Segment	段
Surface	表面
Symétrie	对称
Théorie	理论
Triangle	三角形

Gouvernement
政府

Citoyenneté	公民身份
Civil	民事
Constitution	宪法
Démocratie	民主
Discours	演讲
Discussion	讨论
District	区
Droits	权利
Égalité	平等
État	状态
Indépendance	独立
Judiciaire	司法
Justice	正义
Liberté	自由
Loi	法律
Monument	纪念碑
Nation	国家
Paisible	和平
Politique	政治
Symbole	象征

Herboristerie
草药学

Ail	大蒜
Aromatique	芳香
Basilic	罗勒
Bénéfique	有益的
Culinaire	烹饪
Estragon	龙蒿
Fenouil	茴香
Fleur	花
Ingrédient	成分
Jardin	花园
Lavande	薰衣草
Marjolaine	马郁兰
Menthe	薄荷
Persil	香菜
Qualité	质量
Romarin	迷迭香
Safran	藏红花
Saveur	味道
Thym	百里香
Vert	绿色

Ingénierie
工程

Angle	角度
Axe	轴
Calcul	计算
Diagramme	图表
Diamètre	直径
Diesel	柴油
Distribution	分配
Engrenages	齿轮
Énergie	能源
Force	力量
Leviers	杠杆
Liquide	液体
Machine	机器
Mesure	测量
Moteur	马达
Mouvement	运动
Profondeur	深度
Propulsion	推进
Stabilité	稳定性
Structure	结构

Instruments de Musique
乐器

Banjo	班卓琴
Basson	巴松管
Clarinette	单簧管
Flûte	长笛
Gong	锣
Guitare	吉他
Harmonica	口琴
Harpe	竖琴
Hautbois	双簧管
Mandoline	曼陀林
Marimba	马林巴
Percussion	打击乐器
Piano	钢琴
Saxophone	萨克斯管
Tambour	鼓
Tambourin	铃鼓
Trombone	长号
Trompette	喇叭
Violon	小提琴
Violoncelle	大提琴

Jardin
花园

Arbre	树
Buisson	灌木
Clôture	栅栏
Étang	池塘
Fleur	花
Garage	车库
Hamac	吊床
Herbe	草
Jardin	花园
Mauvaises Herbes	杂草
Pelle	铲
Pelouse	草坪
Porche	门廊
Râteau	耙
Roches	岩石
Sol	土壤
Terrasse	平台
Trampoline	蹦床
Tuyau	软管
Verger	果园

Jardinage
园艺

Botanique	植物
Bouquet	花束
Climat	气候
Comestible	食用
Compost	堆肥
Eau	水
Espèce	物种
Exotique	异国情调
Feuillage	树叶
Feuille	叶
Fleur	开花
Floral	花的
Graines	种子
Humidité	水分
Récipient	容器
Saisonnier	季节性
Saleté	污垢
Sol	土壤
Tuyau	软管
Verger	果园

Jazz
爵士乐

Accent	重点
Album	专辑
Artiste	艺术家
Célèbre	著名的
Chanson	歌曲
Compositeur	作曲家
Composition	组成
Concert	音乐会
Genre	类型
Improvisation	即兴创作
Musique	音乐
Nouveau	新的
Orchestre	管弦乐队
Rythme	节奏
Solo	独奏
Style	风格
Talent	人才
Tambours	鼓
Technique	技术
Vieux	老

Jours et Mois
天和月

Août	八月
Avril	四月
Calendrier	日历
Dimanche	星期日
Février	二月
Janvier	一月
Jeudi	星期四
Juillet	七月
Juin	六月
Lundi	星期一
Mardi	星期二
Mars	三月
Mercredi	星期三
Mois	月
Novembre	十一月
Octobre	十月
Samedi	星期六
Semaine	周
Septembre	九月
Vendredi	星期五

L'Entreprise
该公司

Affaires	商业
Créatif	创意
Décision	决定
Emploi	就业
Industrie	工业
Innovant	创新的
Investissement	投资
Possibilité	可能性
Présentation	介绍
Produit	产品
Professionnel	专业的
Progrès	进展
Qualité	质量
Ressources	资源
Revenu	收入
Réputation	声誉
Risques	风险
Salaire	工资
Tendances	趋势
Unités	单位

Les Abeilles
蜜蜂

Ailes	翅膀
Bénéfique	有益的
Cire	蜡
Diversité	多样性
Essaim	群
Écosystème	生态系统
Fleur	开花
Fleurs	花
Fruit	水果
Fumée	烟
Habitat	生境
Insecte	昆虫
Jardin	花园
Miel	蜂蜜
Nourriture	食物
Plantes	植物
Pollen	花粉
Reine	女王
Ruche	蜂巢
Soleil	太阳

Les Médias
媒体

Attitudes	态度
Communication	沟通
En Ligne	网上
Édition	版
Éducation	教育
Faits	事实
Financement	资金
Images	图像
Individuel	个人
Industrie	工业
Intellectuel	知识分子
Journaux	报纸
Local	本地
Magazines	杂志
Numérique	数字
Opinion	意见
Photos	照片
Radio	收音机
Réseau	网络
Télévision	电视

Légumes
蔬菜

Ail	大蒜
Artichaut	朝鲜蓟
Aubergine	茄子
Brocoli	西兰花
Carotte	胡萝卜
Céleri	芹菜
Champignon	蘑菇
Citrouille	南瓜
Concombre	黄瓜
Échalote	葱
Épinard	菠菜
Gingembre	姜
Navet	芜菁
Oignon	洋葱
Olive	橄榄
Persil	香菜
Pois	豌豆
Radis	萝卜
Salade	沙拉
Tomate	番茄

Littérature
文学

Analogie	类比
Analyse	分析
Anecdote	轶事
Auteur	作者
Biographie	传记
Comparaison	比较
Conclusion	结论
Description	描述
Dialogue	对话
Fiction	小说
Métaphore	隐喻
Narrateur	旁白
Opinion	意见
Poème	诗
Poétique	诗意
Rime	韵
Rythme	节奏
Style	风格
Thème	主题
Tragédie	悲剧

Livres
书籍

Auteur	作者
Aventure	冒险
Collection	收藏
Contexte	上下文
Dualité	二元性
Épique	史诗
Histoire	故事
Historique	历史的
Humoristique	幽默
Inventif	发明
Lecteur	读者
Littéraire	文学
Narrateur	旁白
Page	页
Pertinent	相关的
Poème	诗
Poésie	诗歌
Roman	小说
Série	系列
Tragique	悲剧

Maison
房子

Balai	扫帚
Bibliothèque	图书馆
Chambre	房间
Cheminée	壁炉
Clés	钥匙
Clôture	栅栏
Cuisine	厨房
Douche	淋浴
Fenêtre	窗户
Garage	车库
Grenier	阁楼
Jardin	花园
Lampe	灯
Miroir	镜子
Mur	墙
Plafond	天花板
Porte	门
Rideaux	窗帘
Tapis	地毯
Toit	屋顶

Maladie
疾病

Abdominal	腹部
Aigu	急性
Allergies	过敏
Bactérien	细菌
Chronique	慢性
Contagieux	传染性
Corps	身体
Cœur	心
Faible	弱
Héréditaire	遗传
Immunité	免疫
Inflammation	炎症
Lombaire	腰椎
Neuropathie	神经病
Os	骨头
Respiratoire	呼吸的
Santé	健康
Sinus	窦
Syndrome	症状
Thérapie	治疗

Mammifères
哺乳动物

Baleine	鲸
Chat	猫
Cheval	马
Chien	狗
Coyote	郊狼
Dauphin	海豚
Éléphant	大象
Girafe	长颈鹿
Gorille	大猩猩
Kangourou	袋鼠
Lapin	兔子
Lion	狮子
Loup	狼
Mouton	羊
Ours	熊
Renard	狐狸
Singe	猴子
Taureau	公牛
Tigre	老虎
Zèbre	斑马

Mathématiques
数学

Angles	角度
Arithmétique	算术
Carré	广场
Circonférence	周长
Décimal	十进制
Diamètre	直径
Exposant	指数
Équation	方程
Fraction	分数
Géométrie	几何学
Parallèle	平行
Parallélogramme	平行四边形
Perpendiculaire	垂直
Polygone	多边形
Rayon	半径
Rectangle	矩形
Somme	和
Symétrie	对称
Triangle	三角形
Volume	卷

Mesures
测量

Centimètre	厘米
Décimal	十进制
Gramme	克
Hauteur	高度
Kilogramme	公斤
Kilomètre	公里
Largeur	宽度
Litre	升
Longueur	长度
Masse	质量
Mètre	米
Minute	分钟
Octet	字节
Once	盎司
Pinte	品脱
Poids	重量
Pouce	英寸
Profondeur	深度
Tonne	吨
Volume	卷

Méditation
冥想

Acceptation	接受
Bonheur	幸福
Calme	平静
Clarté	明晰
Compassion	同情
Émotions	情绪
Éveillé	醒
Gentillesse	善良
Gratitude	感激
Habitudes	习惯
Mental	心理
Mouvement	运动
Musique	音乐
Nature	大自然
Observation	观察
Paix	和平
Perspective	透视
Posture	姿势
Respiration	呼吸
Silence	沉默

Météo
天气

Arc-En-Ciel	彩虹
Atmosphère	大气
Brise	微风
Brouillard	雾
Ciel	天空
Climat	气候
Glace	冰
Inondation	洪水
Mousson	季风
Nuage	云
Ouragan	飓风
Polaire	极地
Sec	干燥
Sécheresse	干旱
Température	温度
Tempête	风暴
Tonnerre	雷声
Tornade	龙卷风
Tropical	热带
Vent	风

Musique
音乐

Album	专辑
Ballade	民谣
Chanter	唱
Chanteur	歌手
Classique	古典
Enregistrement	录音
Harmonie	和谐
Harmonique	谐波
Improviser	凑合
Instrument	仪器
Lyrique	抒情
Mélodie	旋律
Microphone	麦克风
Musical	音乐剧
Musicien	音乐家
Opéra	歌剧
Poétique	诗意
Rythme	节奏
Tempo	速度
Vocal	声乐

Mythologie
神话

Archétype	原型
Catastrophe	灾难
Comportement	行为
Création	创造
Créature	生物
Croyances	信仰
Culture	文化
Éclair	闪电
Force	力量
Guerrier	战士
Héros	英雄
Immortalité	不朽
Jalousie	嫉妒
Labyrinthe	迷宫
Légende	传说
Magique	神奇
Monstre	怪物
Mortel	凡人
Tonnerre	雷
Vengeance	复仇

Nature
大自然

Abeilles	蜜蜂
Abri	庇护所
Animaux	动物
Arctique	北极
Beauté	美
Brouillard	雾
Désert	沙漠
Dynamique	动态
Érosion	侵蚀
Feuillage	树叶
Fleuve	河
Forêt	森林
Glacier	冰川
Nuage	云
Paisible	和平
Sanctuaire	避难所
Sauvage	荒野
Serein	宁静
Tropical	热带
Vital	重要的

Nombres
数字

Cinq	五
Deux	二
Décimal	十进制
Dix	十
Dix-Huit	十八
Dix-Neuf	十九
Dix-Sept	十七
Douze	十二
Huit	八
Neuf	九
Quatorze	十四
Quatre	四
Quinze	十五
Seize	十六
Sept	七
Six	六
Treize	十三
Trois	三
Vingt	二十
Zéro	零

Nourriture #1
食物 #1

Ail	大蒜
Basilic	罗勒
Café	咖啡
Cannelle	肉桂
Carotte	胡萝卜
Citron	柠檬
Épinard	菠菜
Fraise	草莓
Jus	果汁
Lait	牛奶
Navet	芜菁
Oignon	洋葱
Orge	大麦
Poire	梨
Salade	沙拉
Sel	盐
Soupe	汤
Sucre	糖
Thon	金枪鱼
Viande	肉

Nourriture #2
食物 #2

Amande	杏仁
Aubergine	茄子
Banane	香蕉
Blé	小麦
Brocoli	西兰花
Cerise	樱桃
Céleri	芹菜
Champignon	蘑菇
Chocolat	巧克力
Jambon	火腿
Kiwi	猕猴桃
Mangue	芒果
Oeuf	蛋
Pain	面包
Poisson	鱼
Pomme	苹果
Poulet	鸡
Raisin	葡萄
Riz	米
Tomate	番茄

Nutrition
营养

Amer	苦
Appétit	食欲
Calories	卡路里
Comestible	食用
Diète	饮食
Digestion	消化
Épices	香料
Équilibré	平衡的
Fermentation	发酵
Glucides	碳水化合物
Liquides	液体
Nutritif	养分
Poids	重量
Protéines	蛋白质
Qualité	质量
Santé	健康
Sauce	酱
Saveur	味道
Toxine	毒素
Vitamine	维生素

Océan
海洋

Algue	海藻
Anguille	鳗鱼
Baleine	鲸
Bateau	船
Corail	珊瑚
Crabe	螃蟹
Crevette	虾
Dauphin	海豚
Éponge	海绵
Huître	牡蛎
Méduse	海蜇
Poisson	鱼
Poulpe	章鱼
Requin	鲨鱼
Récif	礁
Sel	盐
Tempête	风暴
Thon	金枪鱼
Tortue	乌龟
Vagues	波浪

Oiseaux
鸟类

Aigle	鹰
Autruche	鸵鸟
Canard	鸭
Cigogne	鹳
Colombe	鸽子
Corbeau	乌鸦
Coucou	杜鹃
Cygne	天鹅
Flamant	火烈鸟
Héron	苍鹭
Manchot	企鹅
Moineau	麻雀
Mouette	鸥
Oeuf	蛋
Oie	鹅
Paon	孔雀
Perroquet	鹦鹉
Pélican	鹈鹕
Poulet	鸡
Toucan	巨嘴鸟

Pays #1
国家 #1

Afghanistan	阿富汗
Allemagne	德国
Argentine	阿根廷
Brésil	巴西
Canada	加拿大
Espagne	西班牙
Équateur	厄瓜多尔
Finlande	芬兰
Inde	印度
Israël	以色列
Libye	利比亚
Mali	马里
Maroc	摩洛哥
Nicaragua	尼加拉瓜
Norvège	挪威
Panama	巴拿马
Philippines	菲律宾
Pologne	波兰
Roumanie	罗马尼亚
Venezuela	委内瑞拉

Pays #2
国家 #2

Albanie	阿尔巴尼亚
Chine	中国
Danemark	丹麦
France	法国
Haïti	海地
Indonésie	印度尼西亚
Irlande	爱尔兰
Jamaïque	牙买加
Japon	日本
Kenya	肯尼亚
Laos	老挝
Liban	黎巴嫩
Mexique	墨西哥
Ouganda	乌干达
Pakistan	巴基斯坦
Russie	俄罗斯
Somalie	索马里
Soudan	苏丹
Syrie	叙利亚
Ukraine	乌克兰

Paysages
景观

Cascade	瀑布
Désert	沙漠
Estuaire	河口
Fleuve	河
Geyser	间歇泉
Glacier	冰川
Grotte	洞穴
Iceberg	冰山
Île	岛
Lac	湖
Marais	沼泽
Mer	海
Montagne	山
Oasis	绿洲
Océan	海洋
Péninsule	半岛
Plage	海滩
Toundra	苔原
Vallée	山谷
Volcan	火山

Photographie
摄影

Adoucir	软化
Cadre	框架
Caméra	照相机
Composition	组成
Contraste	对比
Couleur	颜色
Définition	定义
Exposition	展览
Éclairage	灯光
Format	格式
Noir	黑色
Objet	对象
Obscurité	黑暗
Ombre	阴影
Perspective	透视
Portrait	肖像
Sujet	主题
Texture	质地
Visuel	视觉的

Physique
物理学

Accélération	加速度
Atome	原子
Chaos	混乱
Chimique	化学的
Densité	密度
Électron	电子
Formule	公式
Fréquence	频率
Gaz	气体
Gravité	重力
Magnétisme	磁性
Masse	质量
Mécanique	力学
Molécule	分子
Moteur	引擎
Nucléaire	核
Particule	粒子
Relativité	相对论
Universel	普遍的
Vitesse	速度

Plantes
植物

Arbre	树
Baie	浆果
Bambou	竹子
Botanique	植物学
Buisson	灌木
Cactus	仙人掌
Engrais	肥料
Feuillage	树叶
Fleur	花
Flore	植物
Forêt	森林
Haricot	豆
Herbe	草
Jardin	花园
Lierre	常春藤
Mousse	苔藓
Pétale	花瓣
Racine	根
Tige	茎
Végétation	植被

Professions #1
职业 #1

Ambassadeur	大使
Astronome	天文学家
Avocat	律师
Banquier	银行家
Bijoutier	珠宝商
Cartographe	制图师
Chasseur	猎人
Danseur	舞蹈家
Entraîneur	教练
Éditeur	编辑
Géologue	地质学家
Infirmière	护士
Médecin	医生
Musicien	音乐家
Pianiste	钢琴家
Plombier	水管工
Pompier	消防队员
Psychologue	心理学家
Scientifique	科学家
Vétérinaire	兽医

Professions #2
职业 #2

Astronaute	宇航员
Bibliothécaire	图书管理员
Biologiste	生物学家
Chercheur	研究员
Chirurgien	外科医生
Dentiste	牙医
Détective	侦探
Enseignant	老师
Illustrateur	插画家
Ingénieur	工程师
Inventeur	发明者
Jardinier	园丁
Journaliste	记者
Linguiste	语言学家
Médecin	医生
Peintre	画家
Philosophe	哲学家
Photographe	摄影师
Pilote	飞行员
Zoologiste	动物学家

Psychologie
心理学

Clinique	临床
Cognition	认识
Comportement	行为
Conflit	冲突
Ego	自我
Enfance	童年
Expériences	经验
Émotions	情绪
Évaluation	评估
Idées	想法
Inconscient	无意识
Influences	影响
Perception	感知
Personnalité	个性
Problème	问题
Réalité	现实
Rêves	梦想
Sensation	感觉
Subconscient	潜意识
Thérapie	治疗

Randonnée
徒步

Animaux	动物
Bottes	靴子
Camping	露营
Carte	地图
Climat	气候
Eau	水
Falaise	悬崖
Fatigué	累
Guides	指南
Lourd	重
Météo	天气
Montagne	山
Nature	大自然
Orientation	方向
Parcs	公园
Pierres	石头
Préparation	准备
Sauvage	荒野
Soleil	太阳
Sommet	峰会

Restaurant #2
餐厅 #2

Boisson	饮料
Chaise	椅子
Cuillère	勺子
Déjeuner	午餐
Délicieux	美味
Dîner	晚餐
Eau	水
Épices	香料
Fourchette	叉子
Fruit	水果
Gâteau	蛋糕
Glace	冰
Légumes	蔬菜
Nouilles	面条
Oeuf	蛋
Poisson	鱼
Salade	沙拉
Sel	盐
Serveur	服务员
Soupe	汤

Réchauffement Climatique
全球变暖

Arctique	北极
Changements	变化
Climat	气候
Conséquences	后果
Crise	危机
Développement	发展
Données	数据
Environnemental	环境的
Énergie	能源
Futur	未来
Gaz	气体
Générations	代
Gouvernement	政府
Industrie	工业
International	国际
Législation	立法
Maintenant	现在
Populations	人口
Scientifique	科学家
Températures	温度

Santé et Bien-Être #1
健康和保健 #1

Bactéries	细菌
Clinique	诊所
Faim	饥饿
Fracture	断裂
Habitude	习惯
Hauteur	高度
Hormone	激素
Médecin	医生
Médical	医疗
Médicament	药
Muscles	肌肉
Os	骨头
Peau	皮肤
Pharmacie	药店
Posture	姿势
Relaxation	放松
Réflexe	反射
Suppléments	补充剂
Traitement	治疗
Virus	病毒

Santé et Bien-Être #2
健康和保健 #2

Allergie	过敏
Anatomie	解剖学
Appétit	食欲
Calorie	卡路里
Corps	身体
Déshydratation	脱水
Énergie	能源
Génétique	遗传学
Hôpital	医院
Hygiène	卫生
Infection	感染
Maladie	疾病
Massage	按摩
Nutrition	营养
Poids	重量
Récupération	恢复
Sain	健康
Sang	血
Stress	压力
Vitamine	维生素

Science
科学

Atome	原子
Chimique	化学的
Climat	气候
Données	数据
Expérience	实验
Évolution	进化
Fait	事实
Fossile	化石
Gravité	重力
Hypothèse	假设
Laboratoire	实验室
Méthode	方法
Minéraux	矿物
Molécules	分子
Nature	大自然
Observation	观察
Organisme	生物
Particules	粒子
Physique	物理
Scientifique	科学家

Science-Fiction
科幻小说

Atomique	原子
Cinéma	电影
Clones	克隆
Dystopie	反乌托邦
Explosion	爆炸
Extrême	极端
Feu	火
Futuriste	未来派
Galaxie	星系
Illusion	错觉
Imaginaire	虚构的
Livres	书籍
Monde	世界
Mystérieux	神秘
Oracle	甲骨文
Planète	行星
Robots	机器人
Scénario	场景
Technologie	技术
Utopie	乌托邦

Sport
运动

Athlète	运动员
Capacité	能力
Cardiovasculaire	心血管
Corps	身体
Cyclisme	循环
Danse	跳舞
Diète	饮食
Endurance	耐力
Entraîneur	教练
Force	力量
Jogging	跑步
Maximiser	最大化
Métabolique	代谢
Muscles	肌肉
Nutrition	营养
Objectif	目标
Os	骨头
Programme	程序
Santé	健康
Sports	体育

Technologie
技术

Blog	博客
Caméra	照相机
Curseur	光标
Données	数据
Écran	屏幕
Fichier	文件
Internet	互联网
Logiciel	软件
Message	信息
Navigateur	浏览器
Numérique	数字
Octets	字节
Ordinateur	电脑
Police	字体
Recherche	研究
Sécurité	安全
Statistiques	统计数据
Virtuel	虚拟
Virus	病毒

Temps
時間

Année	年
Annuel	每年
Après	后
Avant	以前
Bientôt	很快
Calendrier	日历
Décennie	十年
Futur	未来
Heure	小时
Hier	昨天
Horloge	时钟
Jour	日
Maintenant	现在
Matin	早晨
Midi	中午
Minute	分钟
Mois	月
Nuit	晚上
Semaine	周
Siècle	世纪

Types de Cheveux
头发类型

Argent	银
Blanc	白色
Blond	金发
Boucles	卷发
Brillant	闪亮的
Chauve	秃
Court	短
Doux	柔软的
Épais	厚
Frisé	卷曲
Gris	灰色
Lisse	光滑
Long	长
Marron	棕色
Mince	薄
Noir	黑色
Sain	健康
Sec	干
Tresses	辫子
Tressé	编织

Univers
宇宙

Astéroïde	小行星
Astronome	天文学家
Astronomie	天文学
Atmosphère	大气层
Ciel	天空
Cosmique	宇宙
Équateur	赤道
Galaxie	星系
Hémisphère	半球
Horizon	地平线
Latitude	纬度
Longitude	经度
Lune	月亮
Obscurité	黑暗
Orbite	轨道
Solaire	太阳的
Solstice	冬至
Télescope	望远镜
Visible	可见
Zodiaque	黄道带

Vacances #2
假期 #2

Aéroport	机场
Camping	露营
Carte	地图
Destination	目的地
Étranger	外国人
Hôtel	酒店
Île	岛
Loisir	暇
Mer	海
Passeport	护照
Photos	照片
Plage	海滩
Restaurant	餐厅
Taxi	出租车
Tente	帐篷
Train	火车
Transport	运输
Vacances	假期
Visa	签证
Voyage	旅程

Véhicules
车辆

Ambulance	救护车
Avion	飞机
Bateau	船
Bus	总线
Camion	卡车
Caravane	大篷车
Ferry	渡轮
Fusée	火箭
Hélicoptère	直升机
Métro	地铁
Moteur	马达
Pneus	轮胎
Radeau	筏
Scooter	滑板车
Sous-Marin	潜艇
Taxi	出租车
Tracteur	拖拉机
Train	火车
Vélo	自行车
Voiture	汽车

Vêtements
衣服

Bijoux	珠宝
Bracelet	手镯
Ceinture	带
Chapeau	帽子
Chaussure	鞋
Chemise	衬衫
Collier	项链
Foulard	围巾
Gants	手套
Jeans	牛仔裤
Jupe	短裙
Manteau	外套
Mode	时尚
Pantalon	裤子
Pull	毛衣
Pyjama	睡衣
Robe	连衣裙
Sandales	凉鞋
Tablier	围裙
Veste	夹克

Ville
小镇

Aéroport	机场
Banque	银行
Bibliothèque	图书馆
Boulangerie	面包店
Cinéma	电影
Clinique	诊所
École	学校
Fleuriste	花店
Galerie	画廊
Hôtel	酒店
Librairie	书店
Marché	市场
Musée	博物馆
Pharmacie	药店
Restaurant	餐厅
Stade	体育场
Supermarché	超级市场
Théâtre	剧院
Université	大学
Zoo	动物园

Félicitations

Vous avez réussi !

Nous espérons que vous avez apprécié ce livre autant que nous avons pris plaisir à le concevoir. Nous faisons de notre mieux pour créer des livres de la meilleure qualité possible.
Cette édition est conçue pour permettre un apprentissage intelligent et de qualité en se divertissant !

Vous avez aimé ce livre ?

Une Simple Demande

Nos livres existent grâce aux avis que vous publiez. Pourriez-vous nous aider en laissant un avis maintenant ?

Voici un lien rapide qui vous mènera à votre page d'évaluation de vos commandes :

BestBooksActivity.com/Avis50

CHALLENGE FINAL !

Défi n°1

Êtes-vous prêt pour votre jeu bonus ? Nous les utilisons tout le temps mais ils ne sont pas si faciles à trouver. Voici les **Synonymes** !

Notez 5 mots que vous avez trouvés dans les puzzles notés ci-dessous (n°21, n°36, n°76) et essayez de trouver 2 synonymes pour chaque mot.

Notez 5 Mots du **Puzzle 21**

Mots	Synonyme 1	Synonyme 2

Notez 5 Mots du **Puzzle 36**

Mots	Synonyme 1	Synonyme 2

Notez 5 Mots du **Puzzle 76**

Mots	Synonyme 1	Synonyme 2

Défi n°2

Maintenant que vous vous êtes échauffé, notez 5 mots que vous avez découverts dans les Puzzles n° 9, n° 17, n° 25 et essayez de trouver 2 antonymes pour chaque mot. Combien pouvez-vous en trouver en 20 minutes ?

Notez 5 Mots du **Puzzle 9**

Mots	Antonyme 1	Antonyme 2

Notez 5 Mots du **Puzzle 17**

Mots	Antonyme 1	Antonyme 2

Notez 5 Mots du **Puzzle 25**

Mots	Antonyme 1	Antonyme 2

Défi n°3

Formidable ! Ce défi final n'est rien pour vous.

Prêt pour le dernier défi ? Choisissez 10 mots que vous avez découverts parmi les différents puzzles et notez-les ci-dessous.

1.	6.
2.	7.
3.	8.
4.	9.
5.	10.

Maintenant, composez un texte en pensant à une personne, un animal ou un lieu que vous aimez !

Astuce: Vous pouvez utiliser la dernière page de ce livre comme brouillon !

Votre Composition :

CARNET DE NOTES :

À TRÈS BIENTÔT !

Toute l'équipe

DECOUVREZ DES JEUX GRATUITS

GO

BESTACTIVITYBOOKS.COM/FREEGAMES